DRAGONS

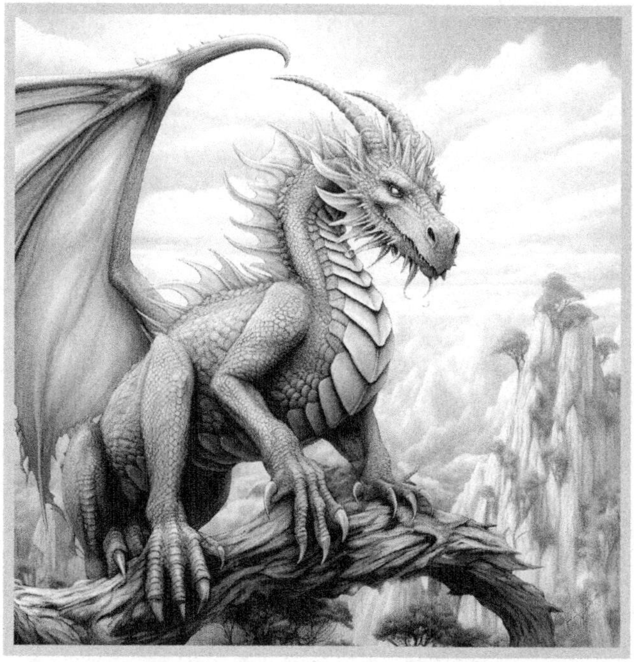

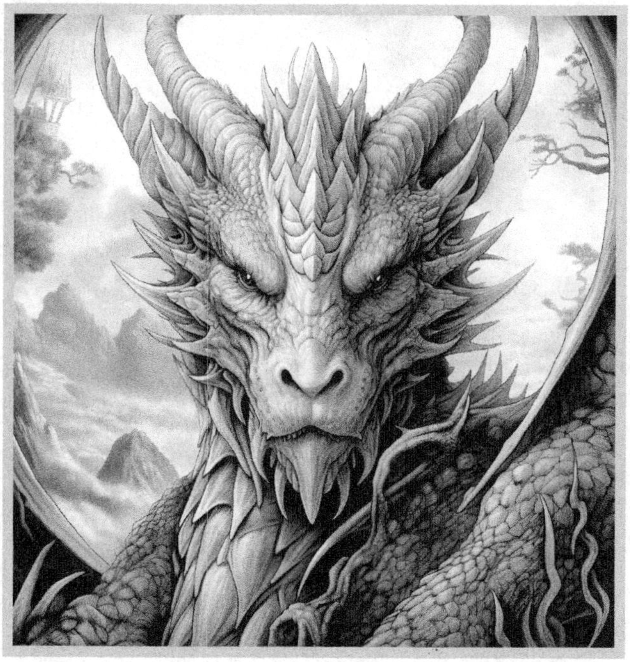

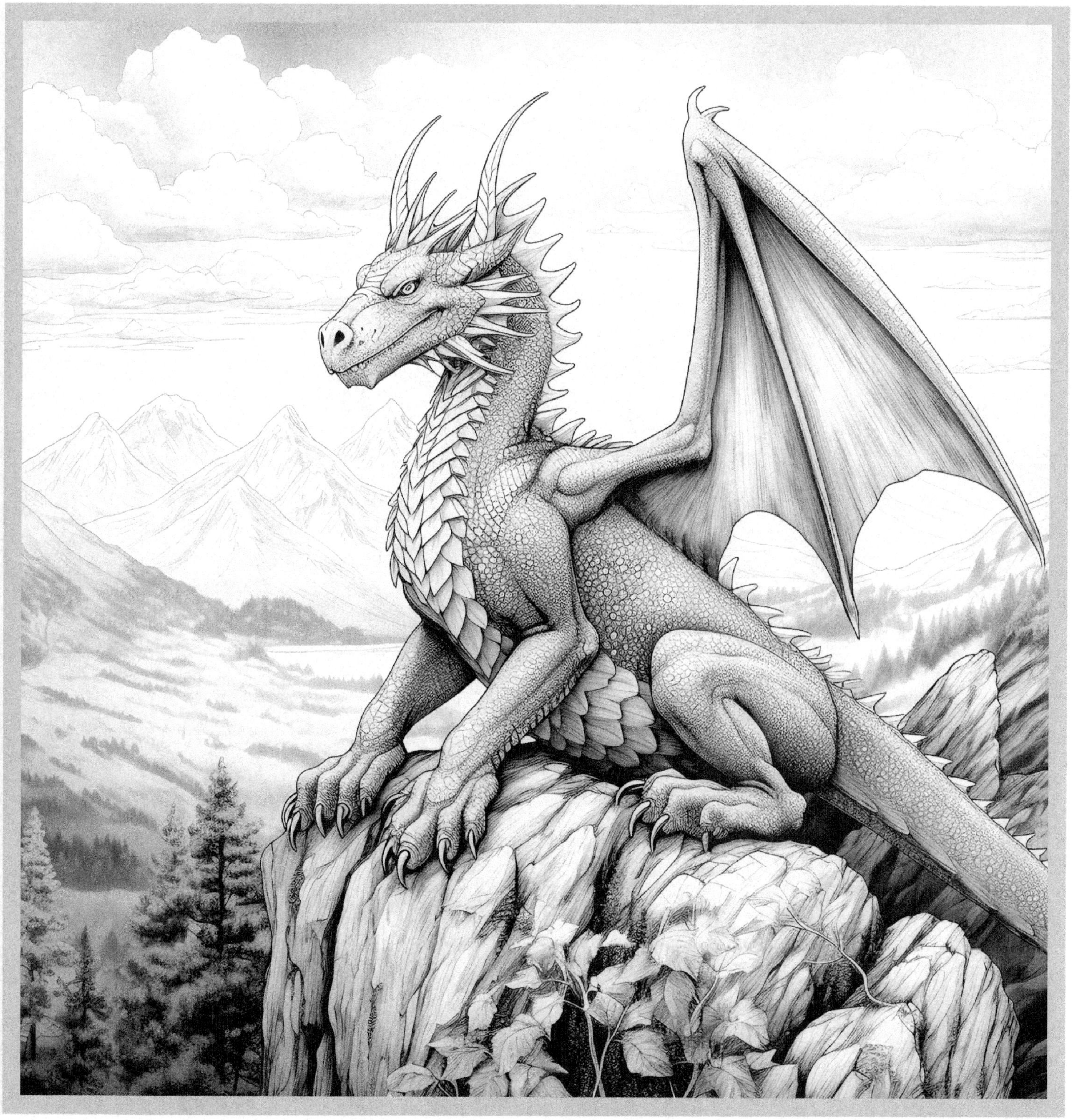

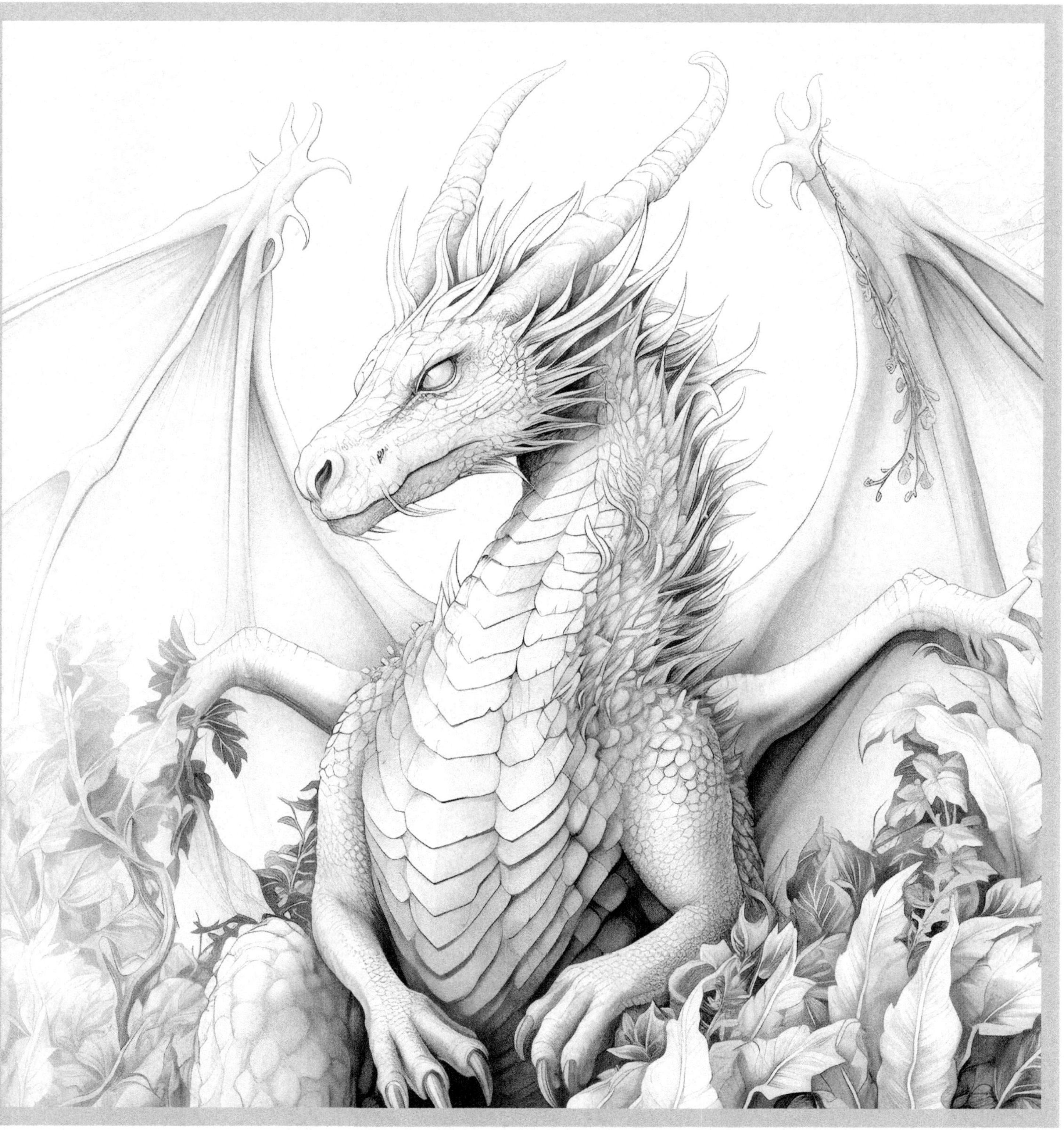

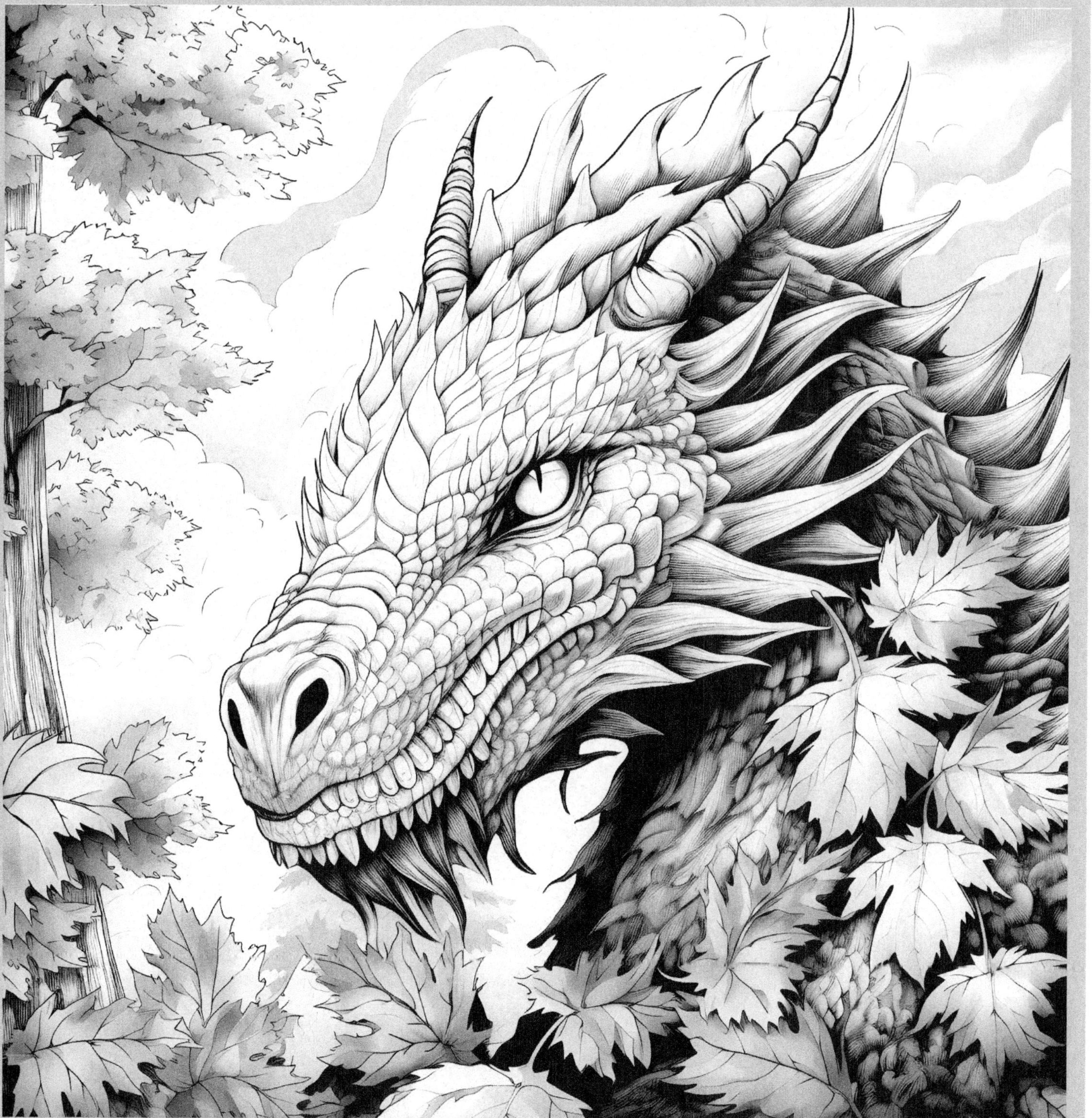

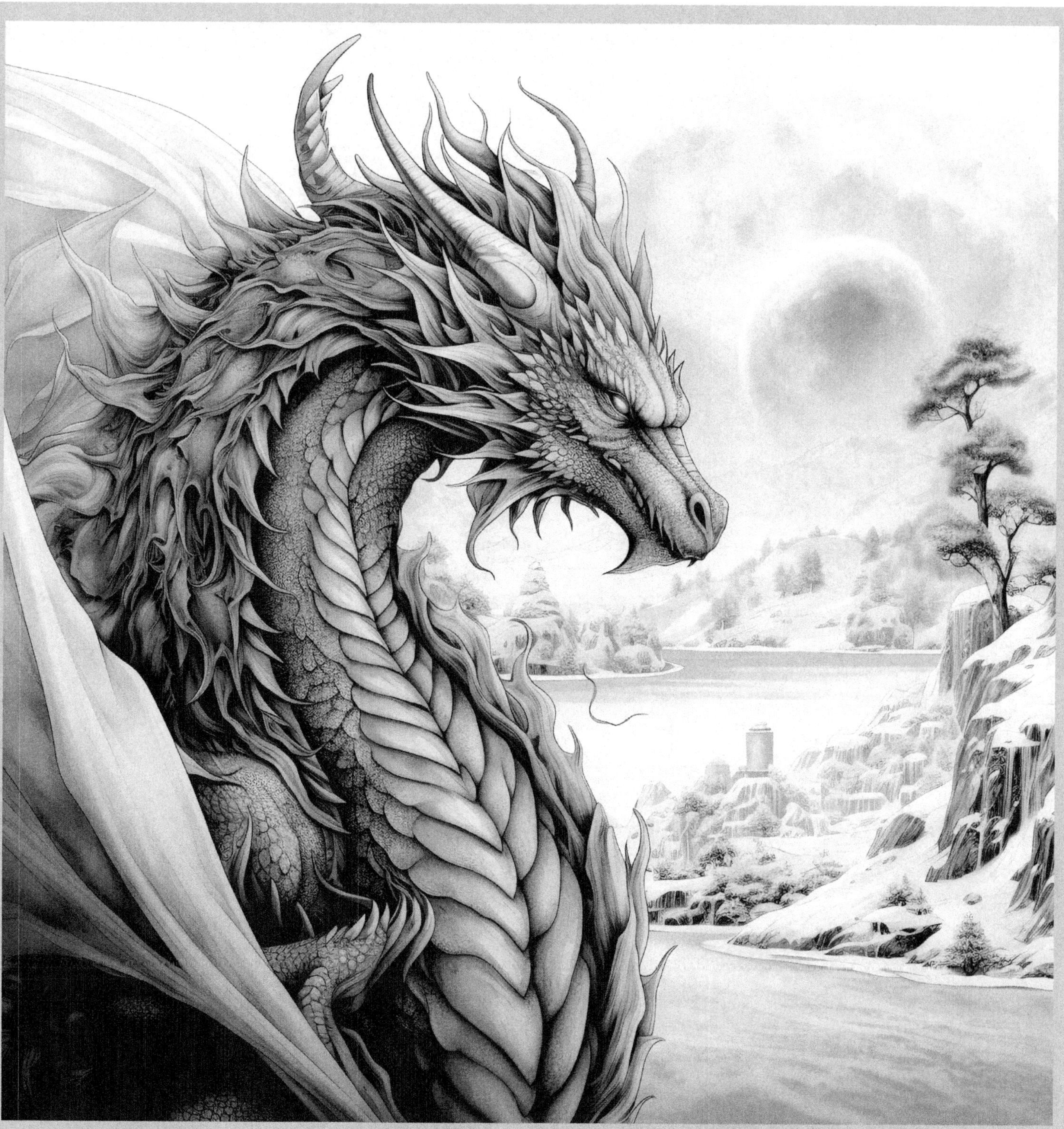

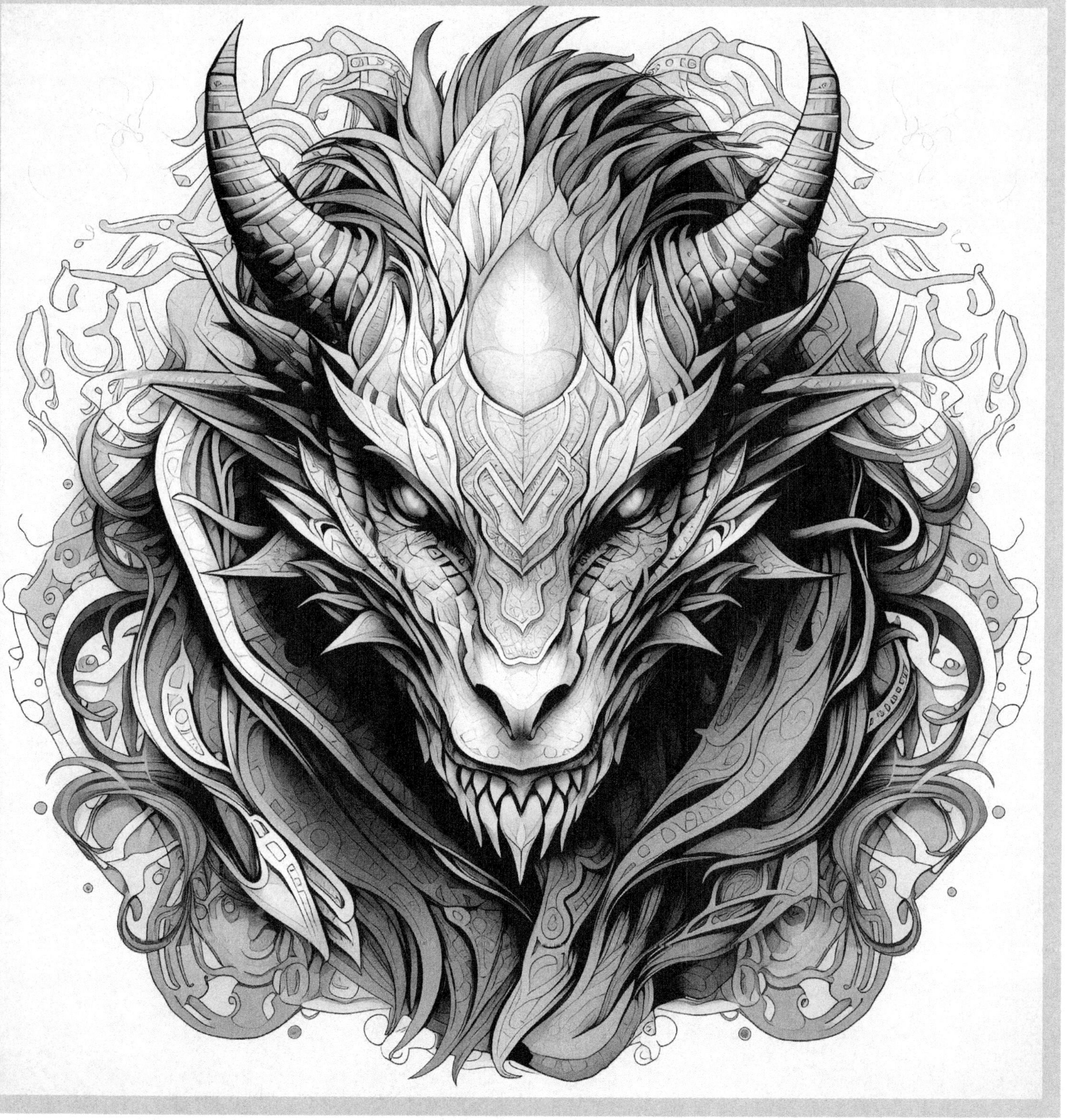

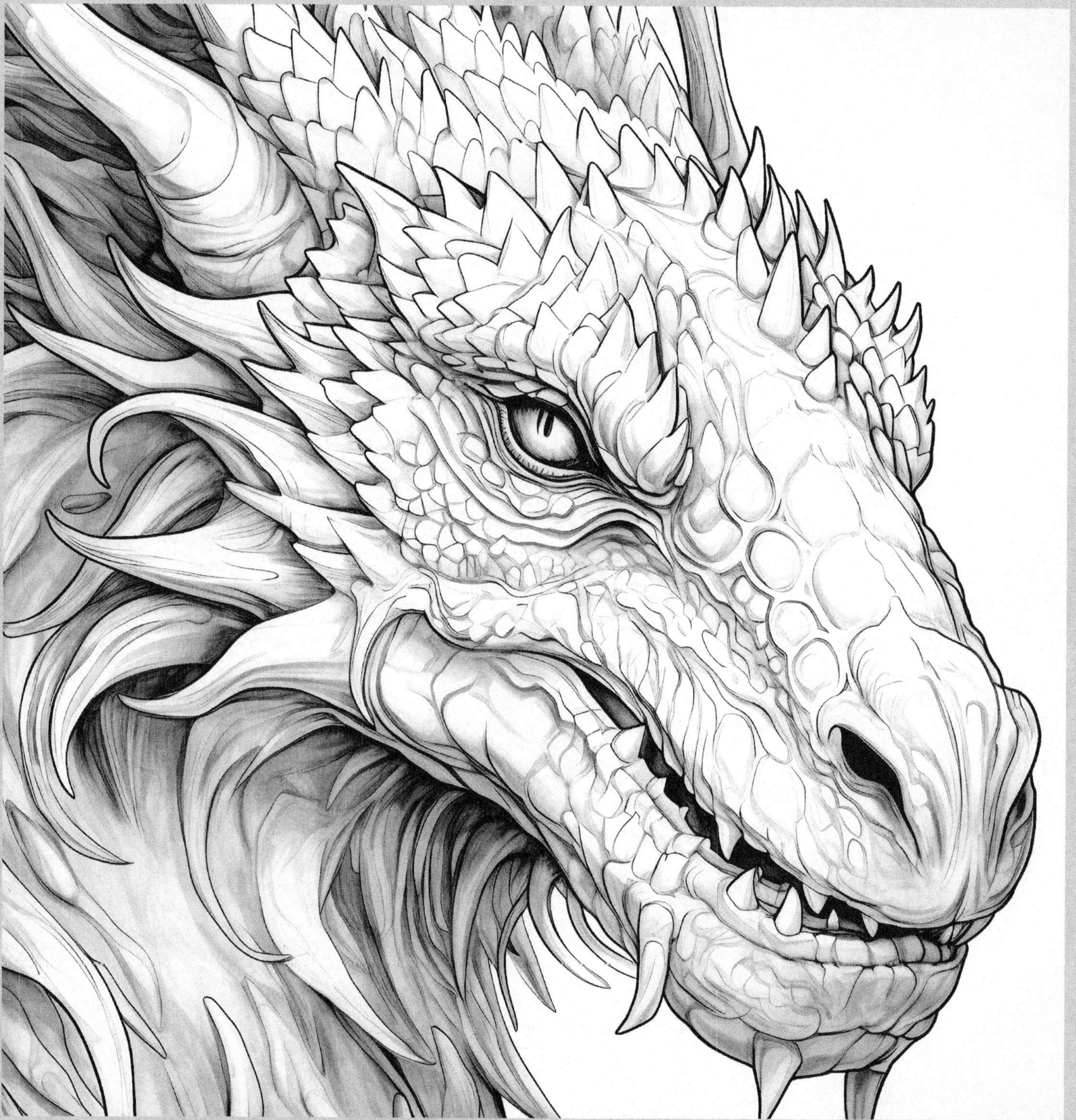

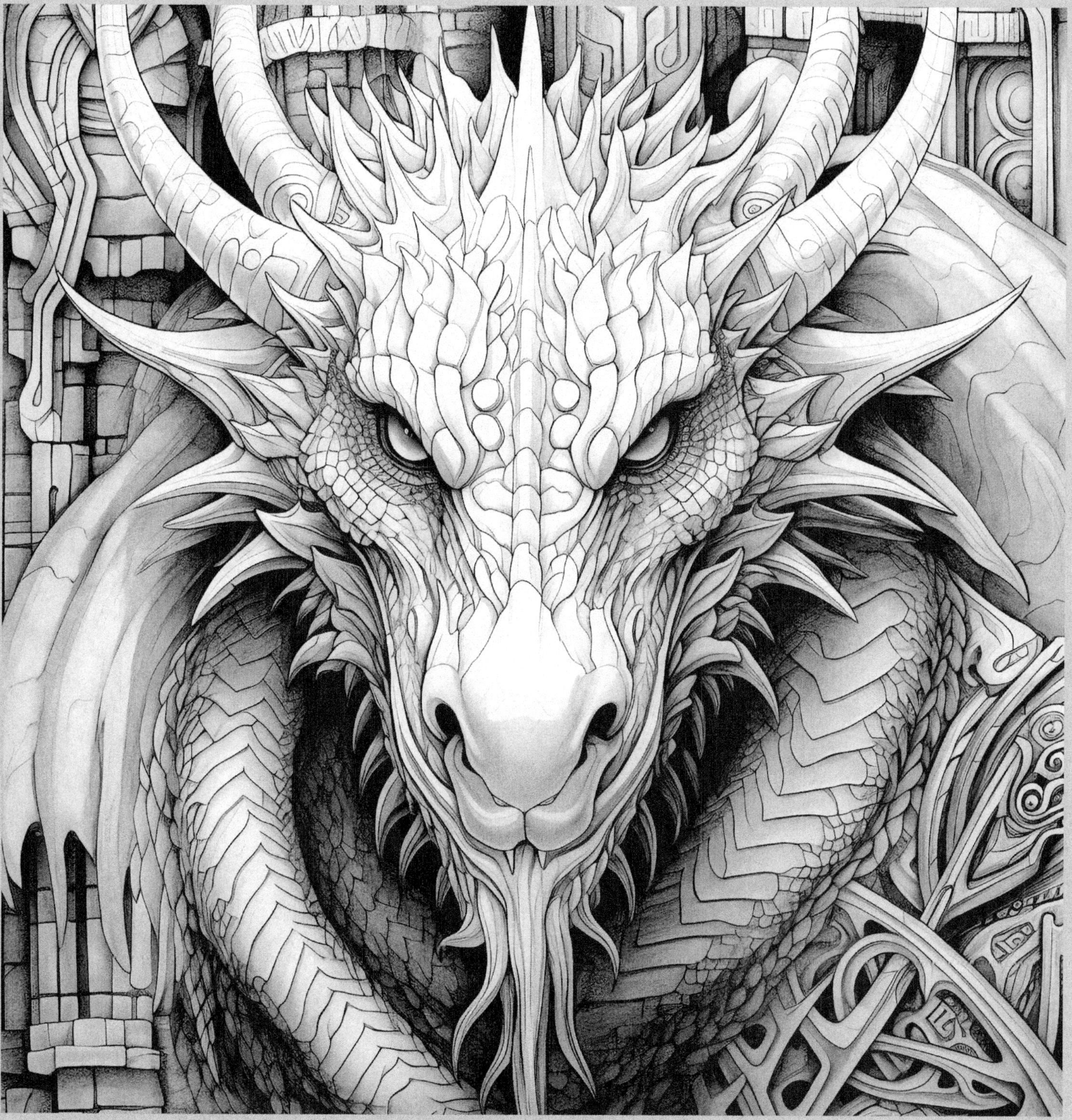

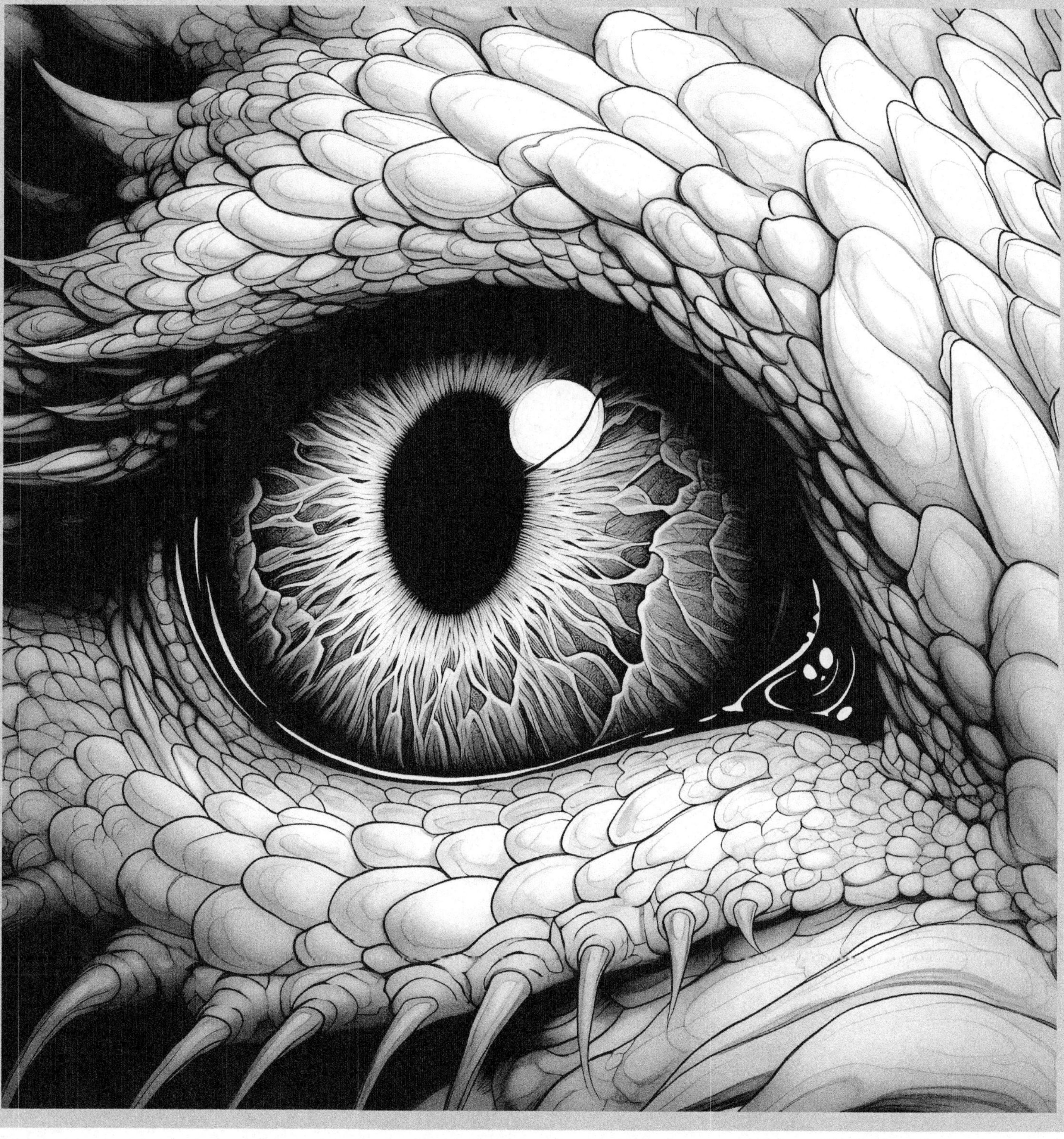

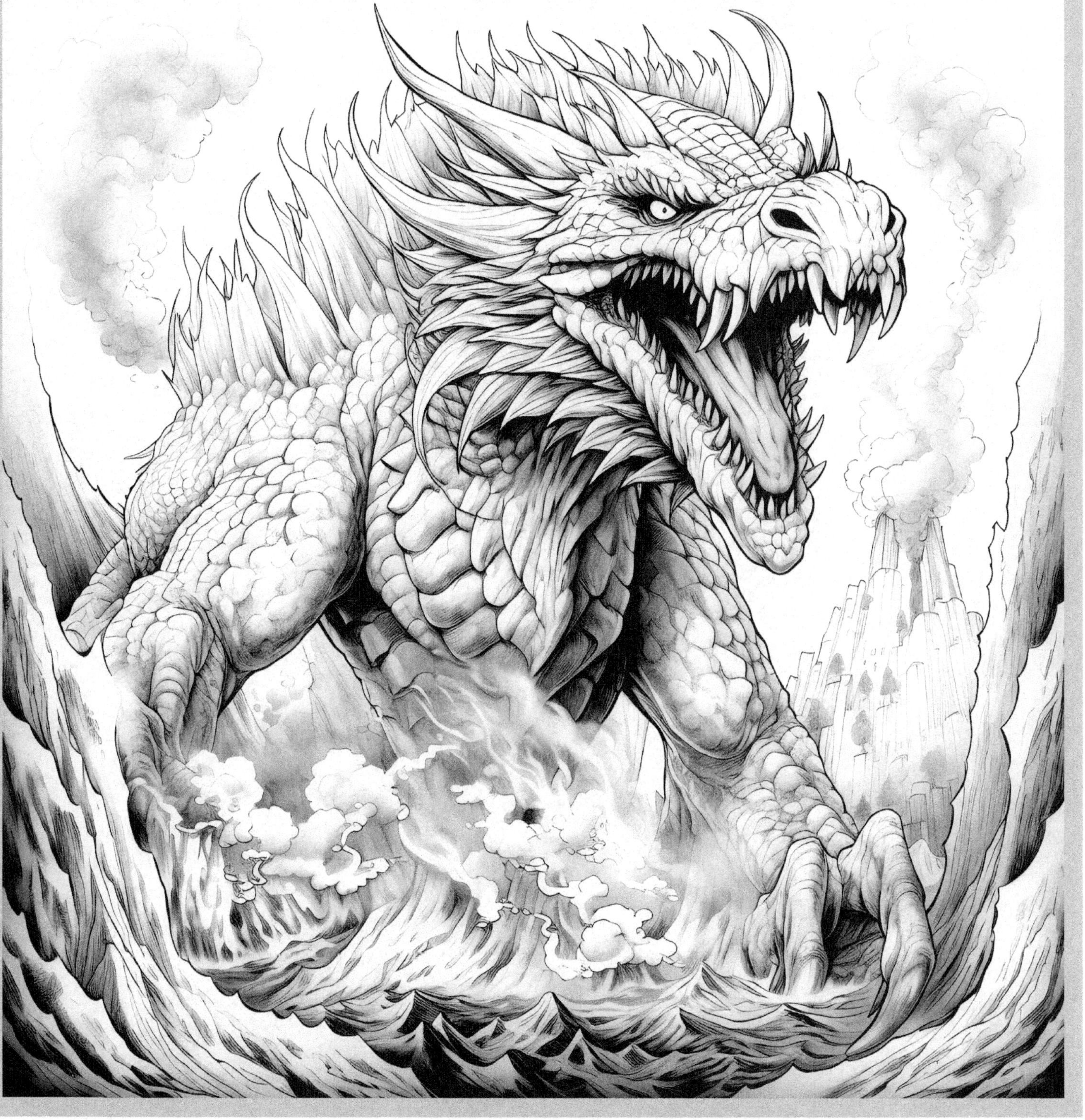

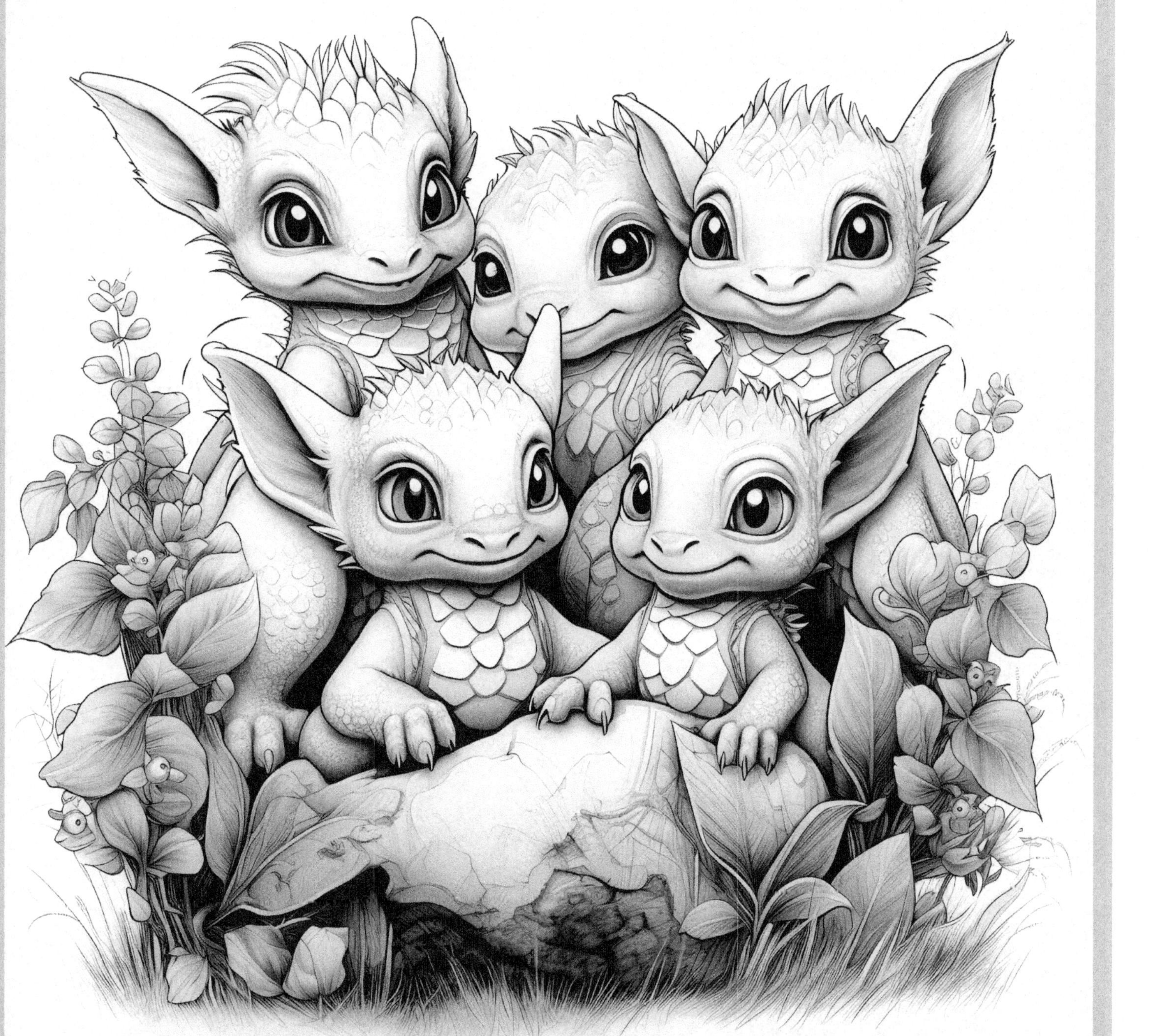

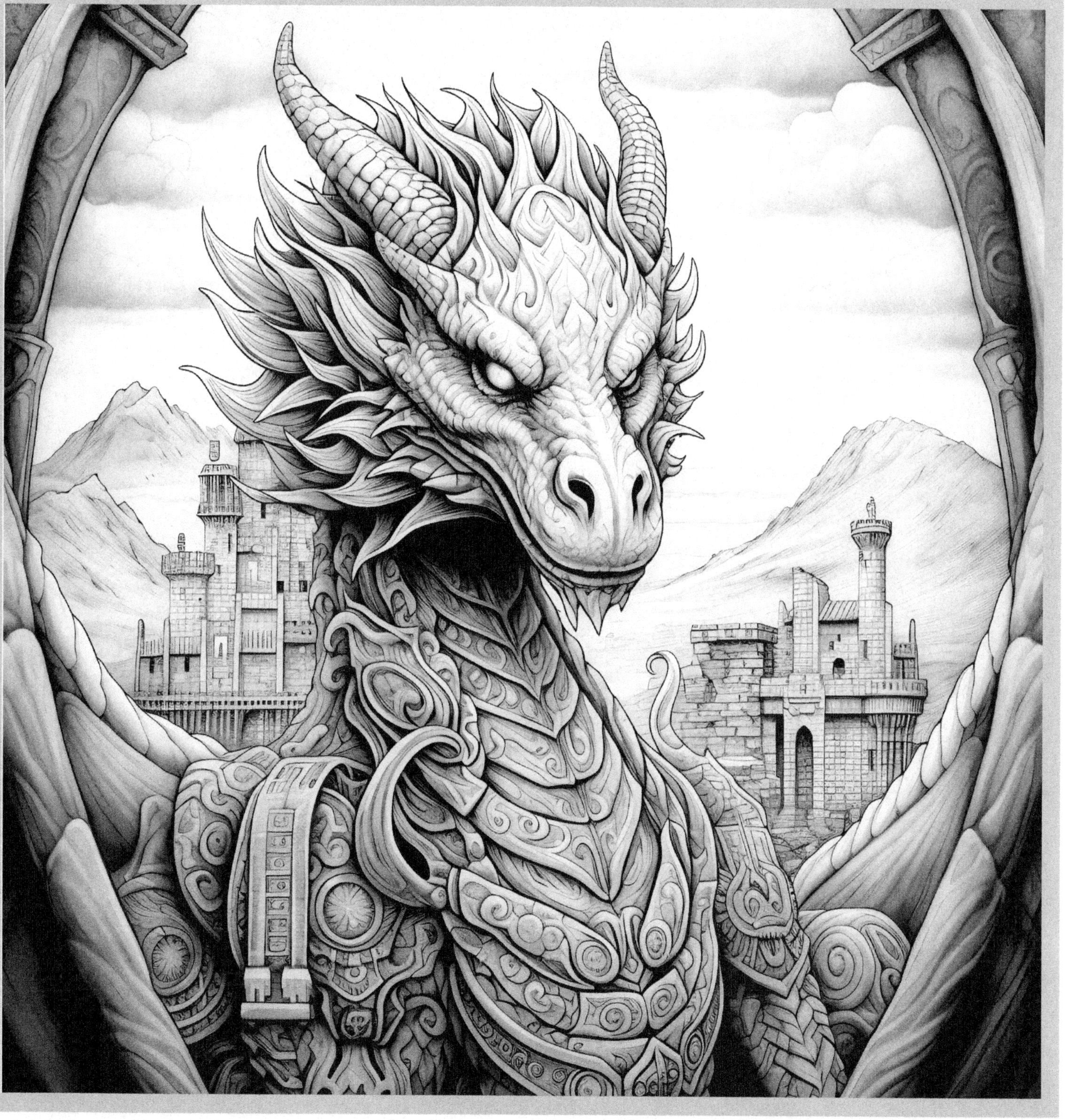

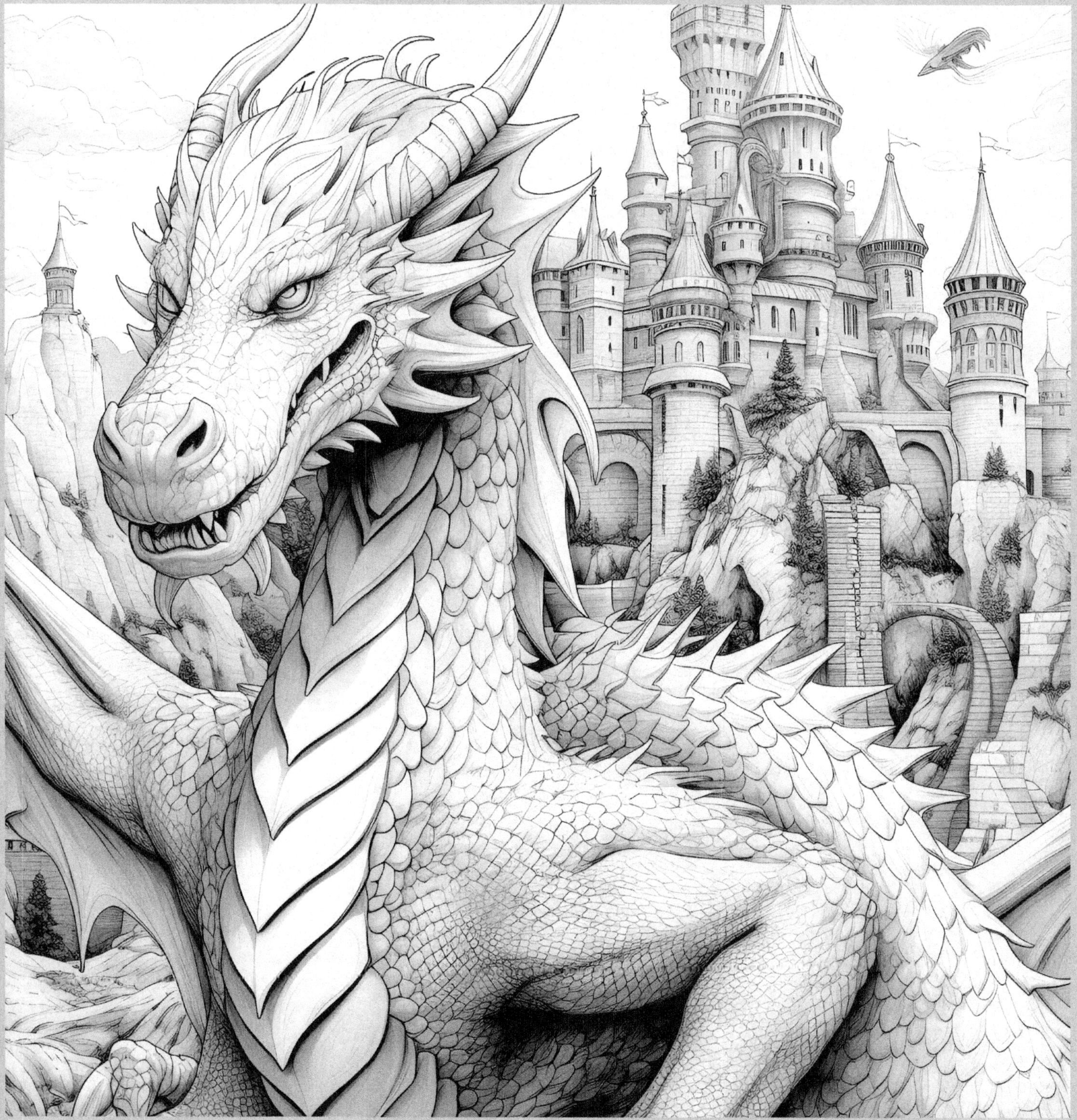

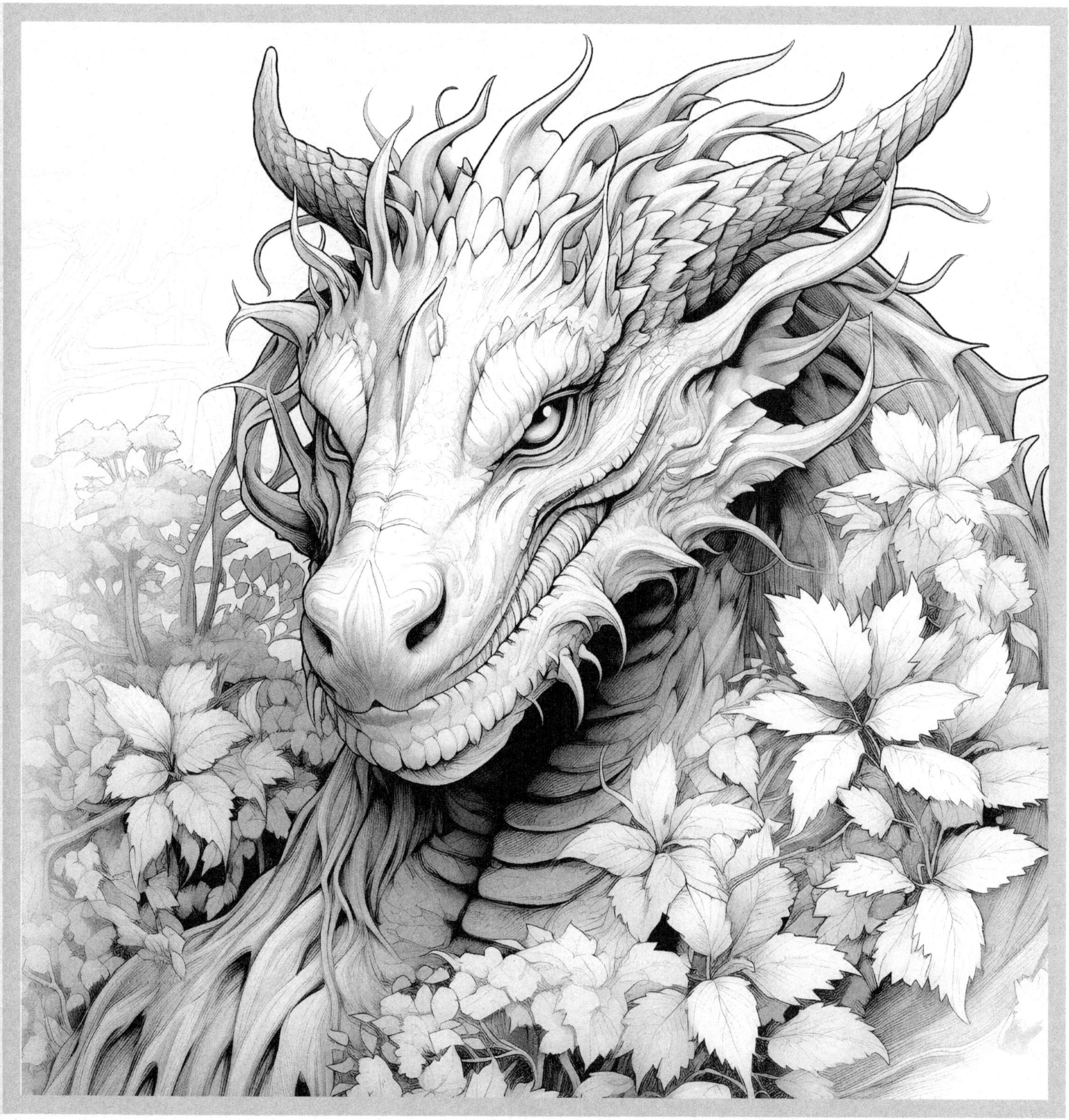

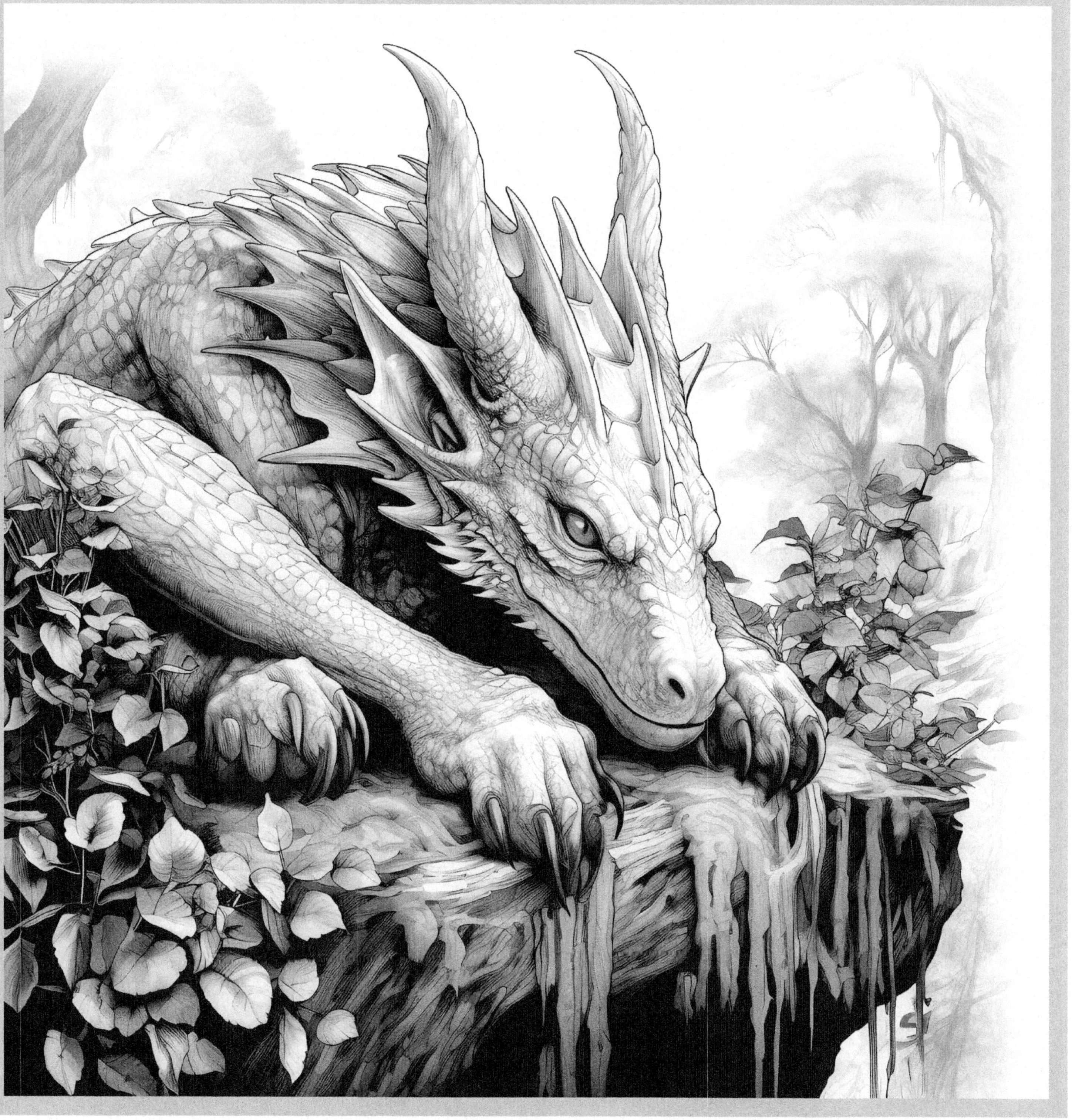

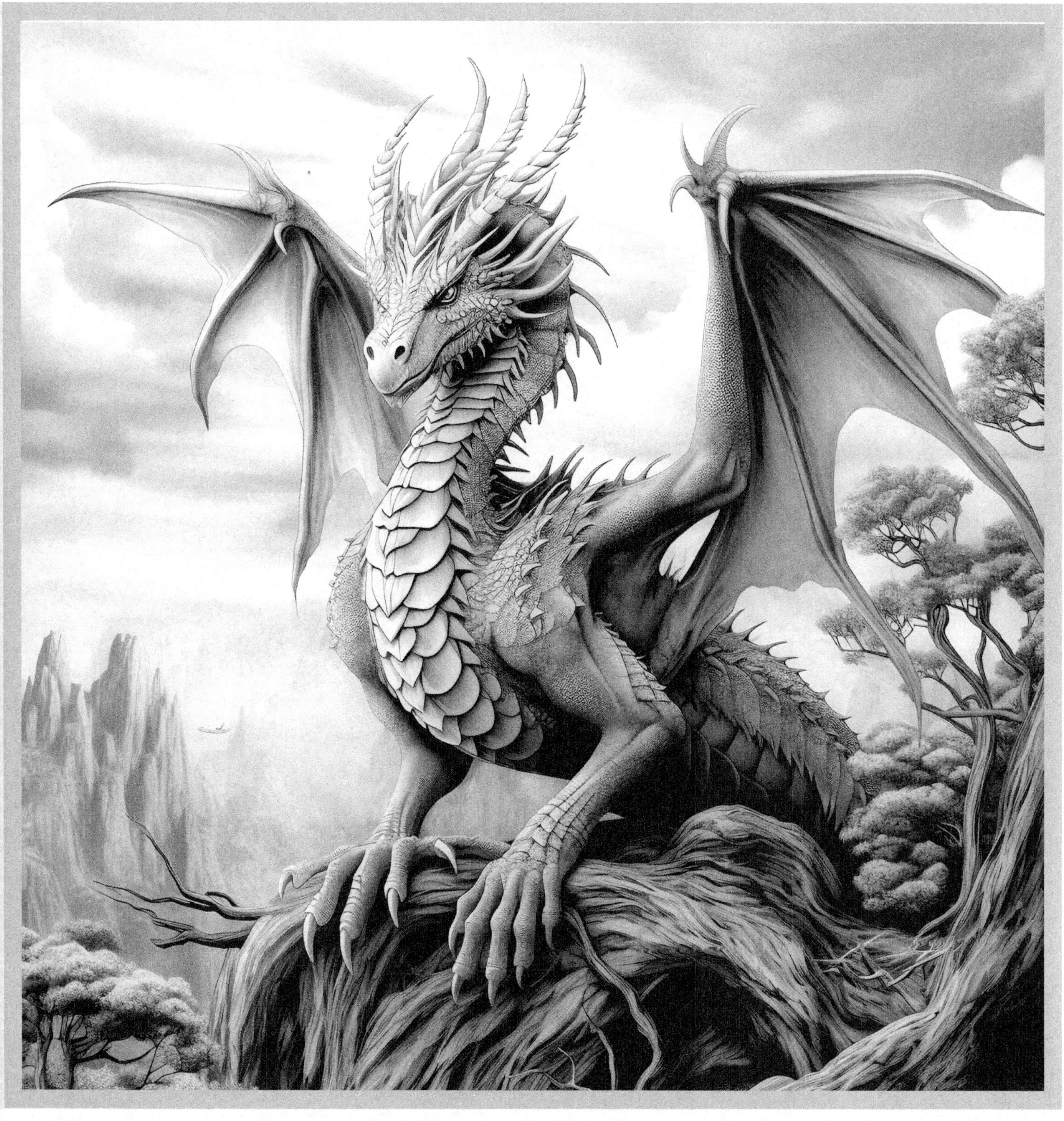

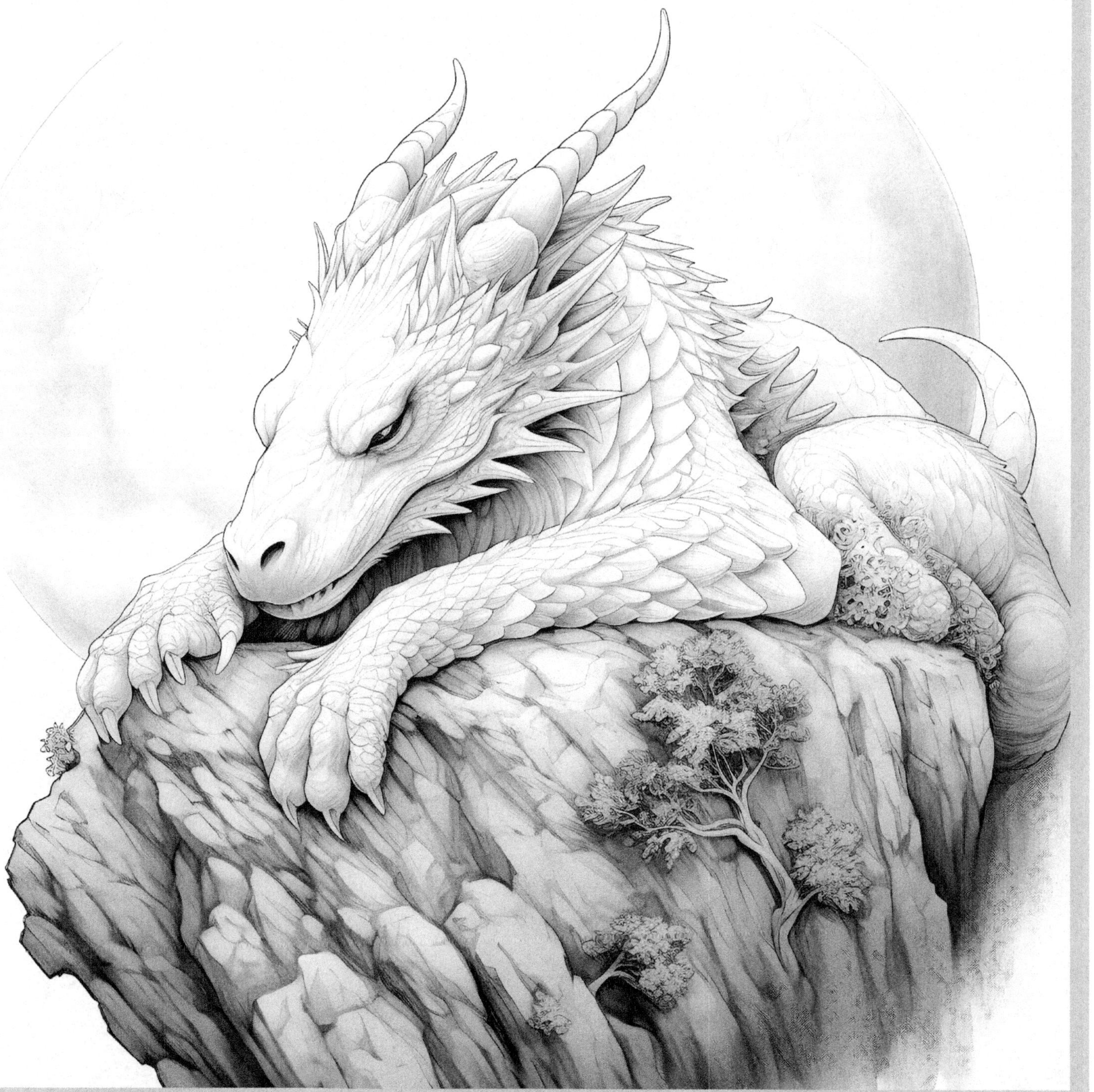

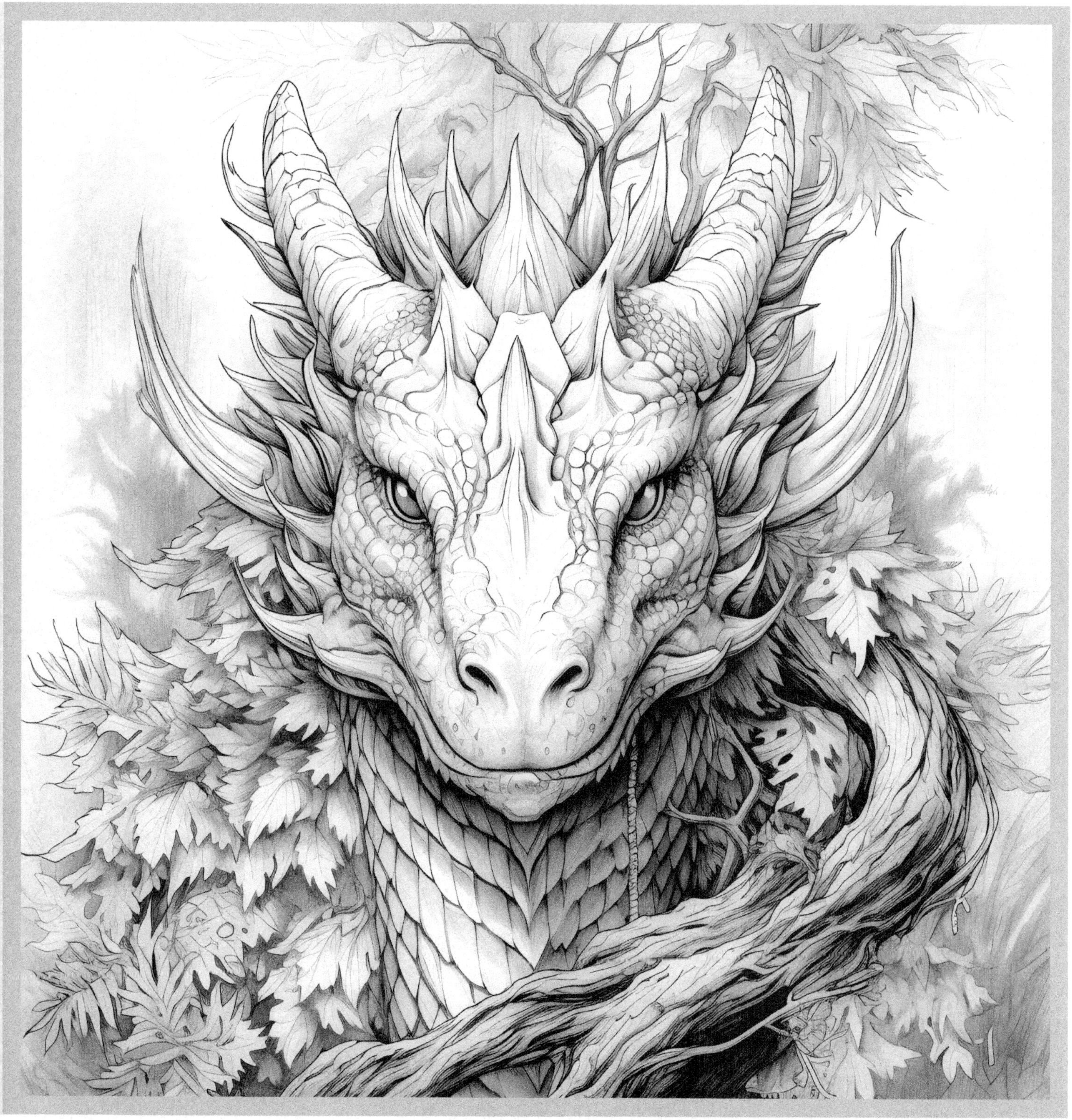

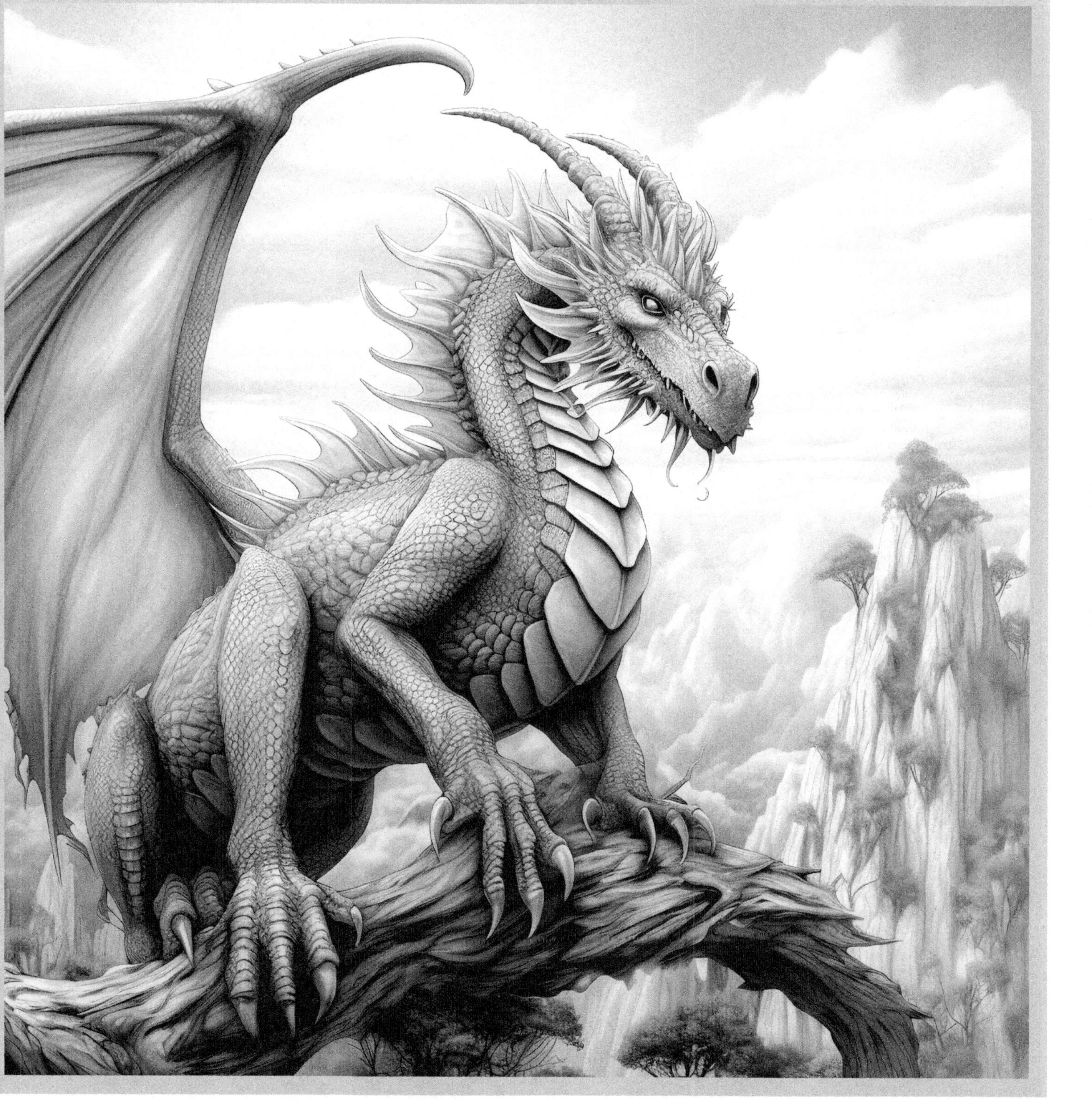

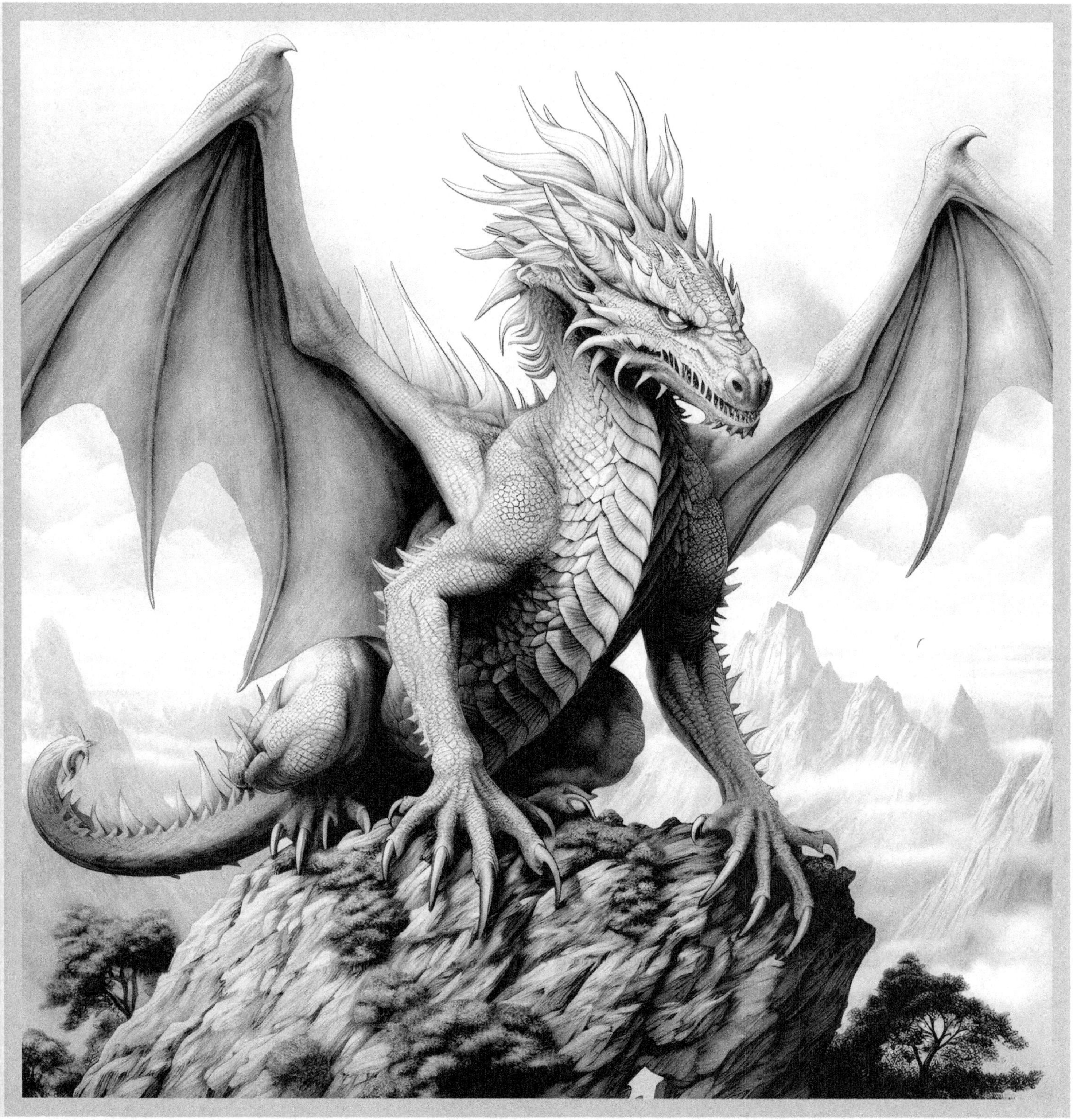

[redacted]

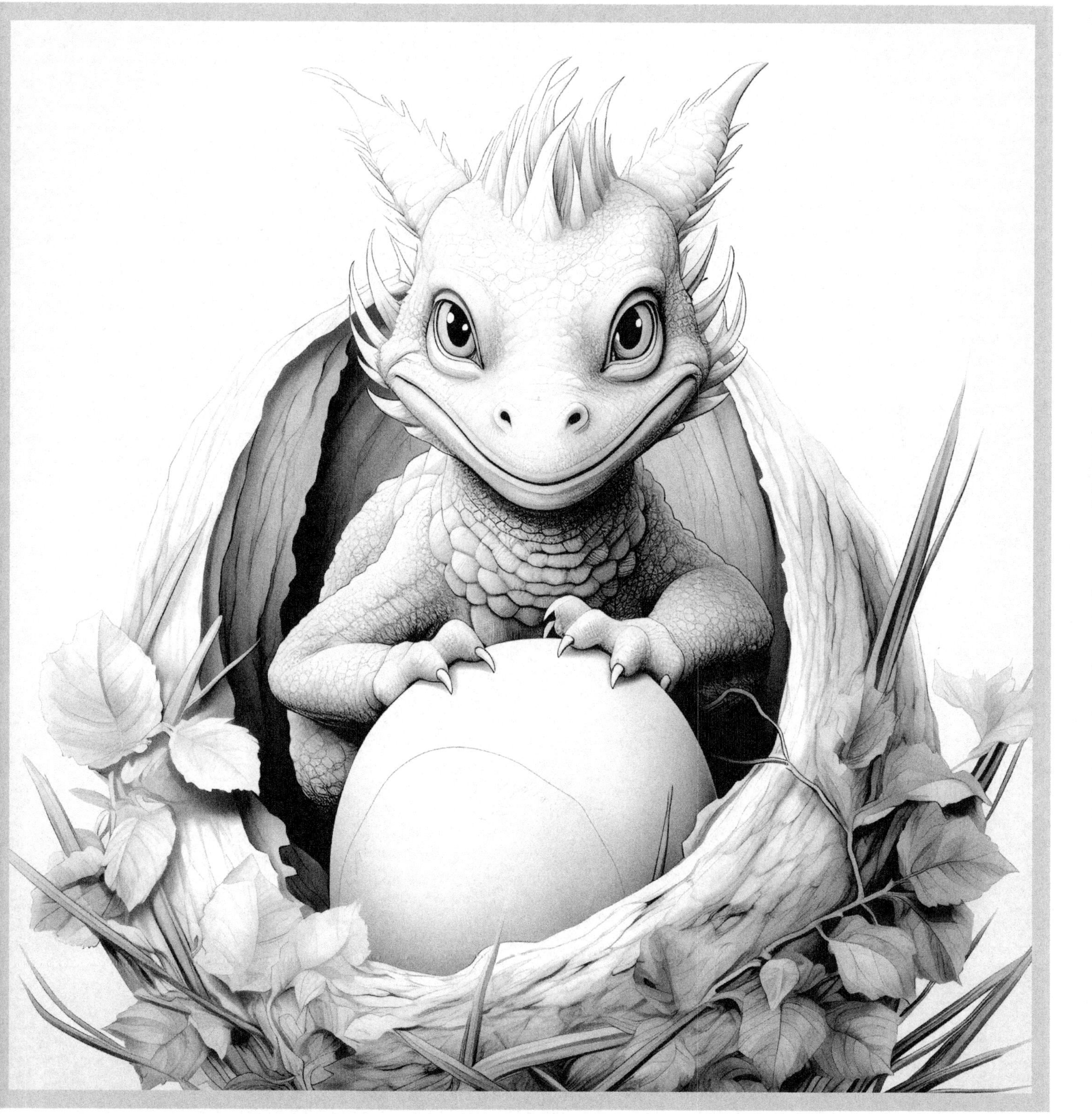

[redacted]

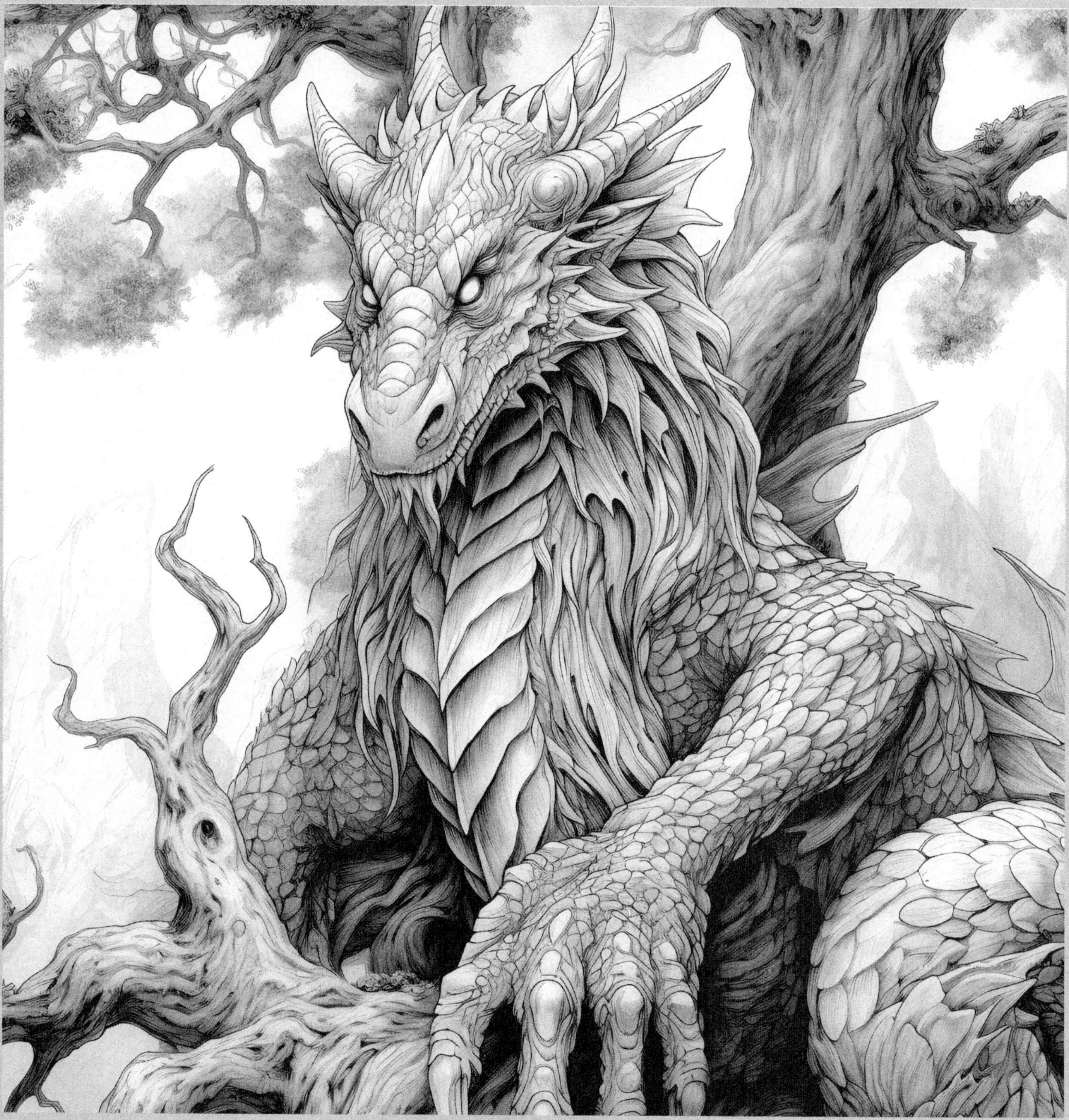

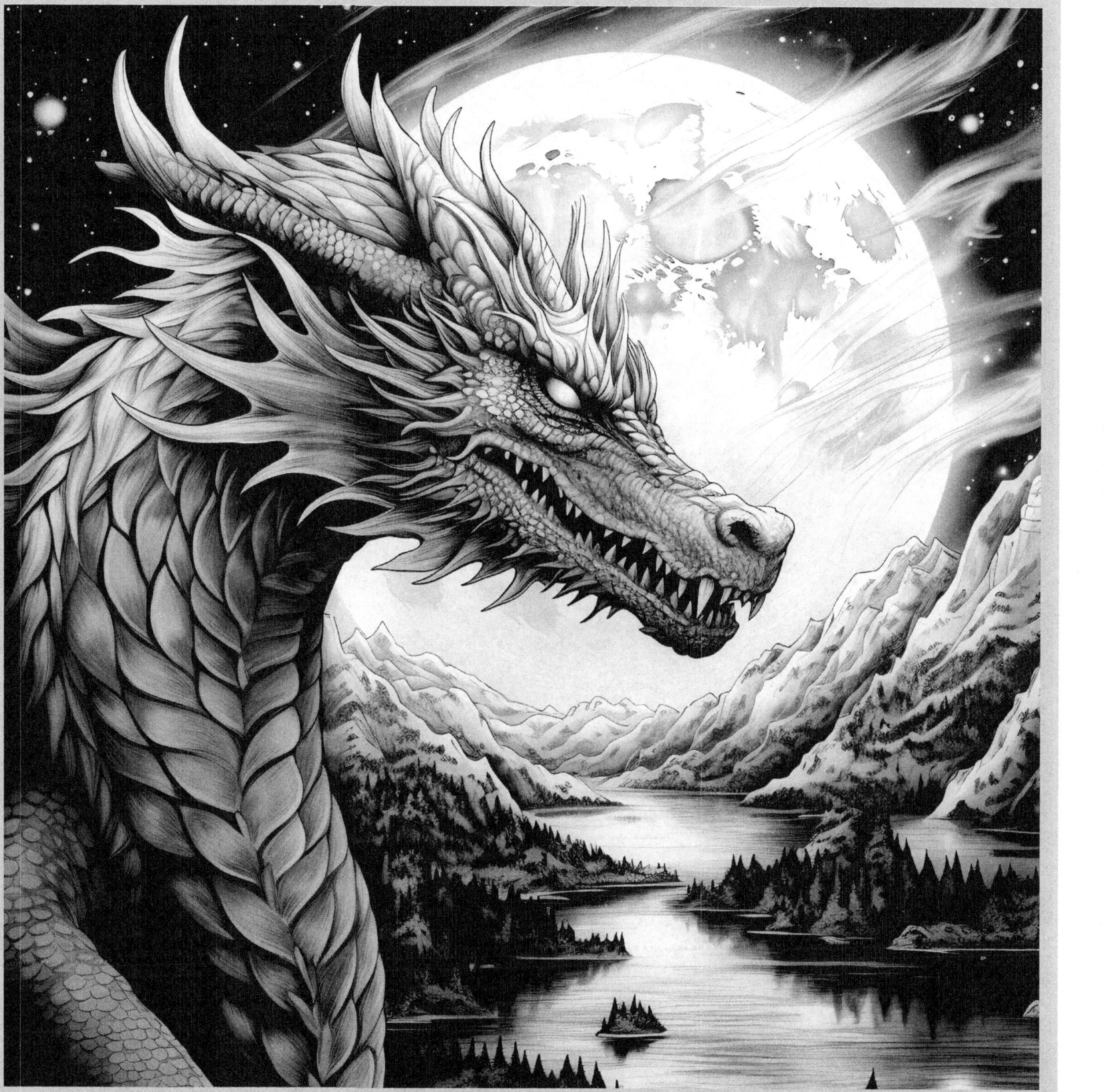

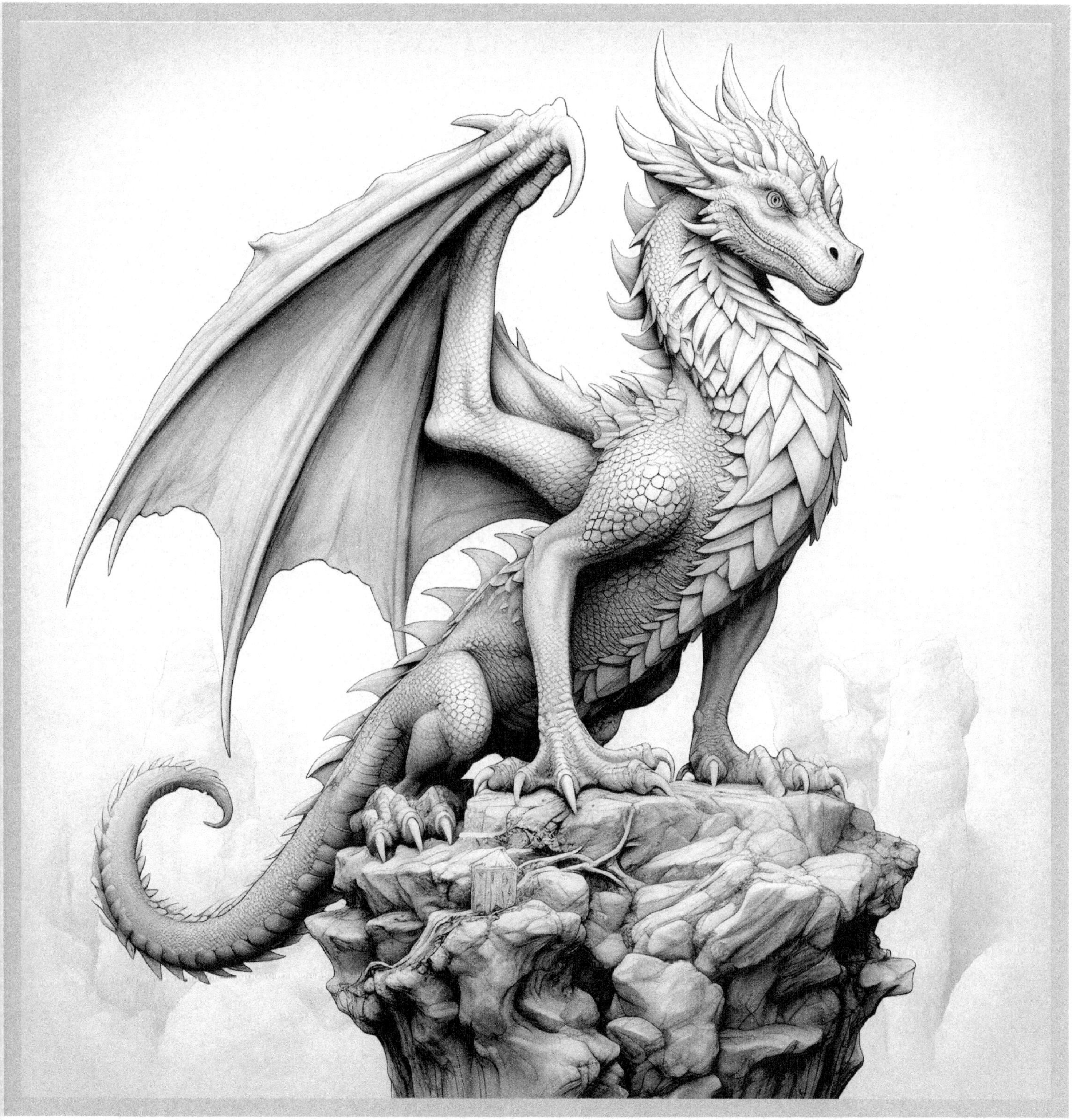

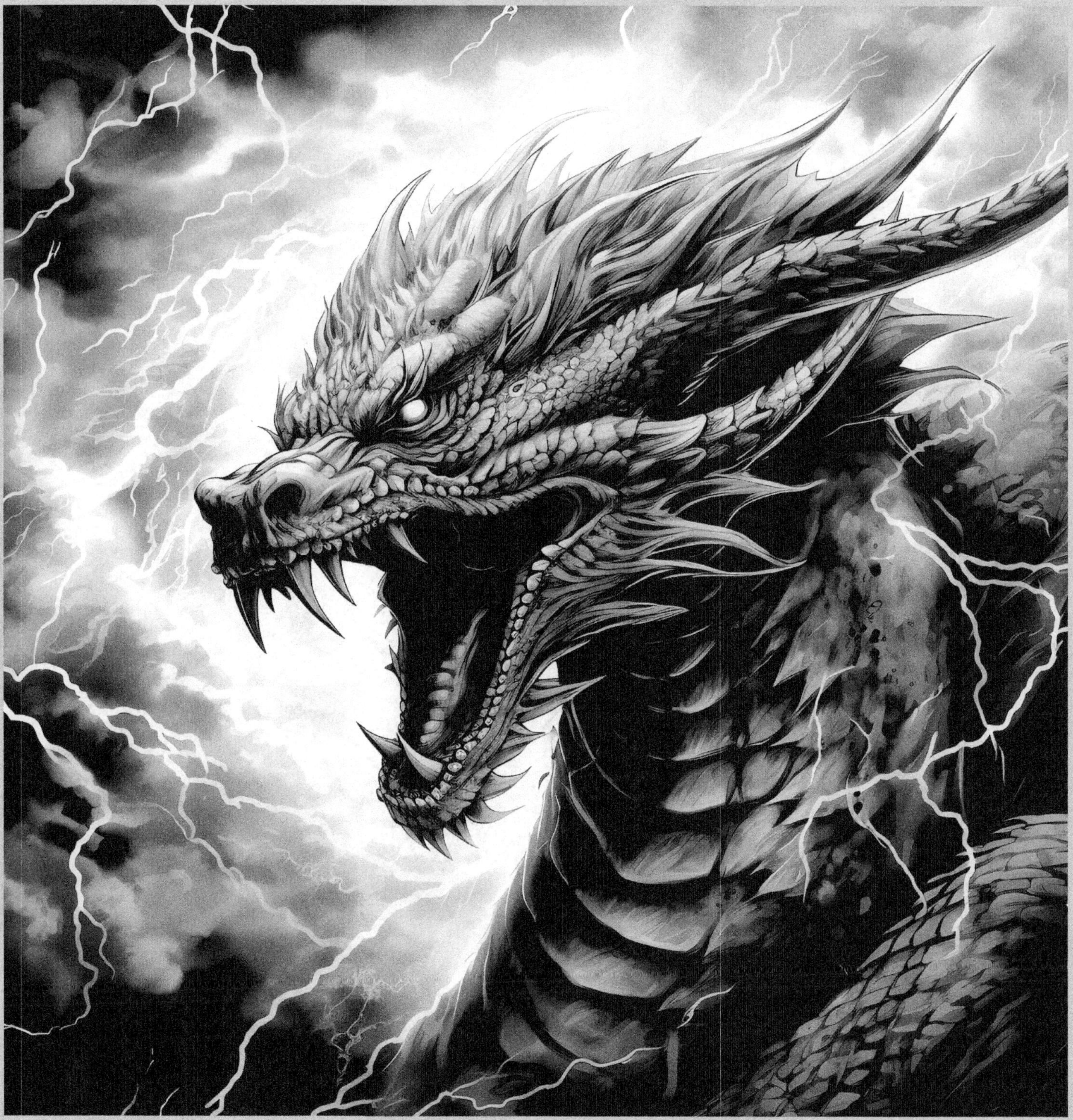

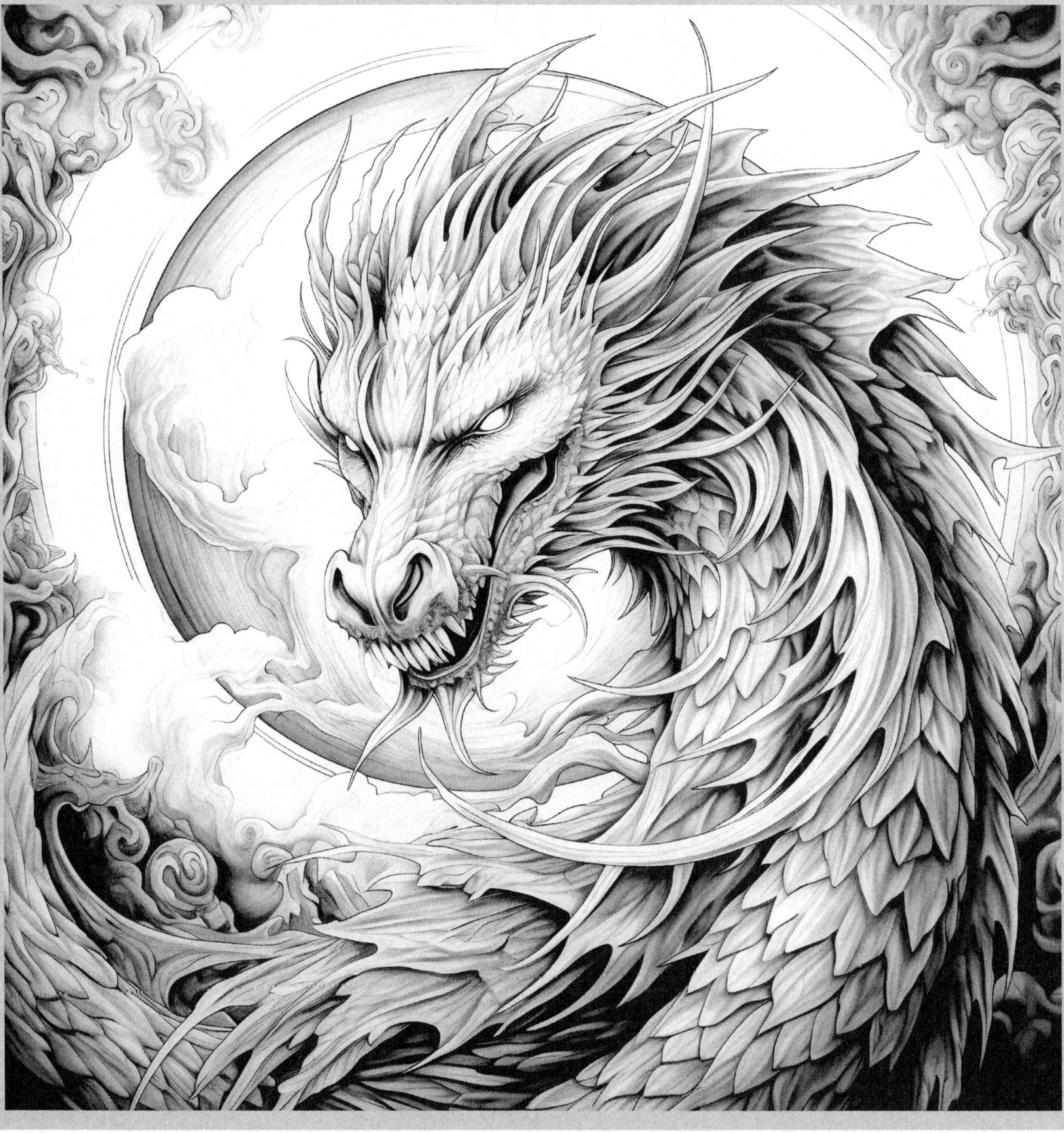

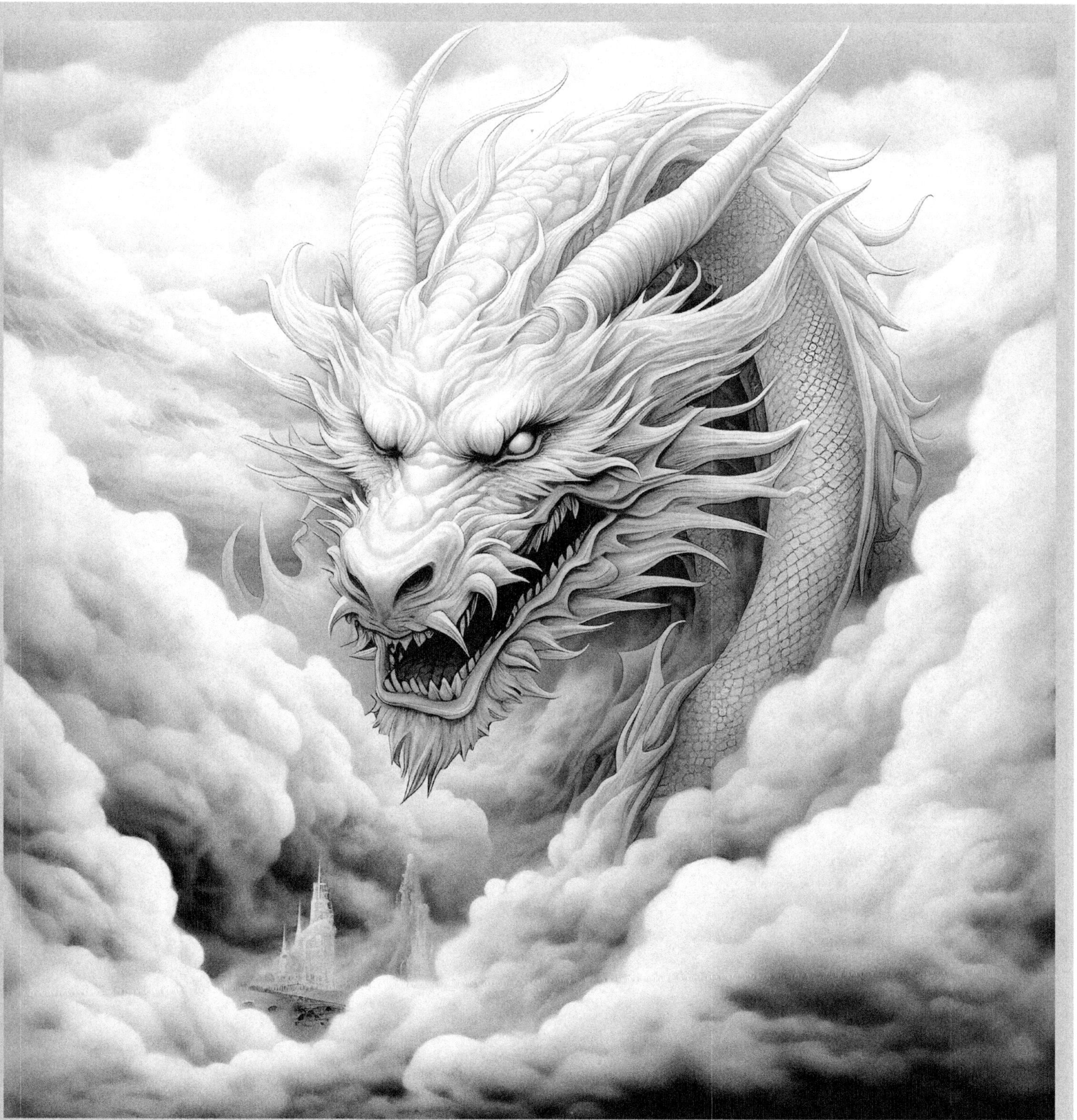

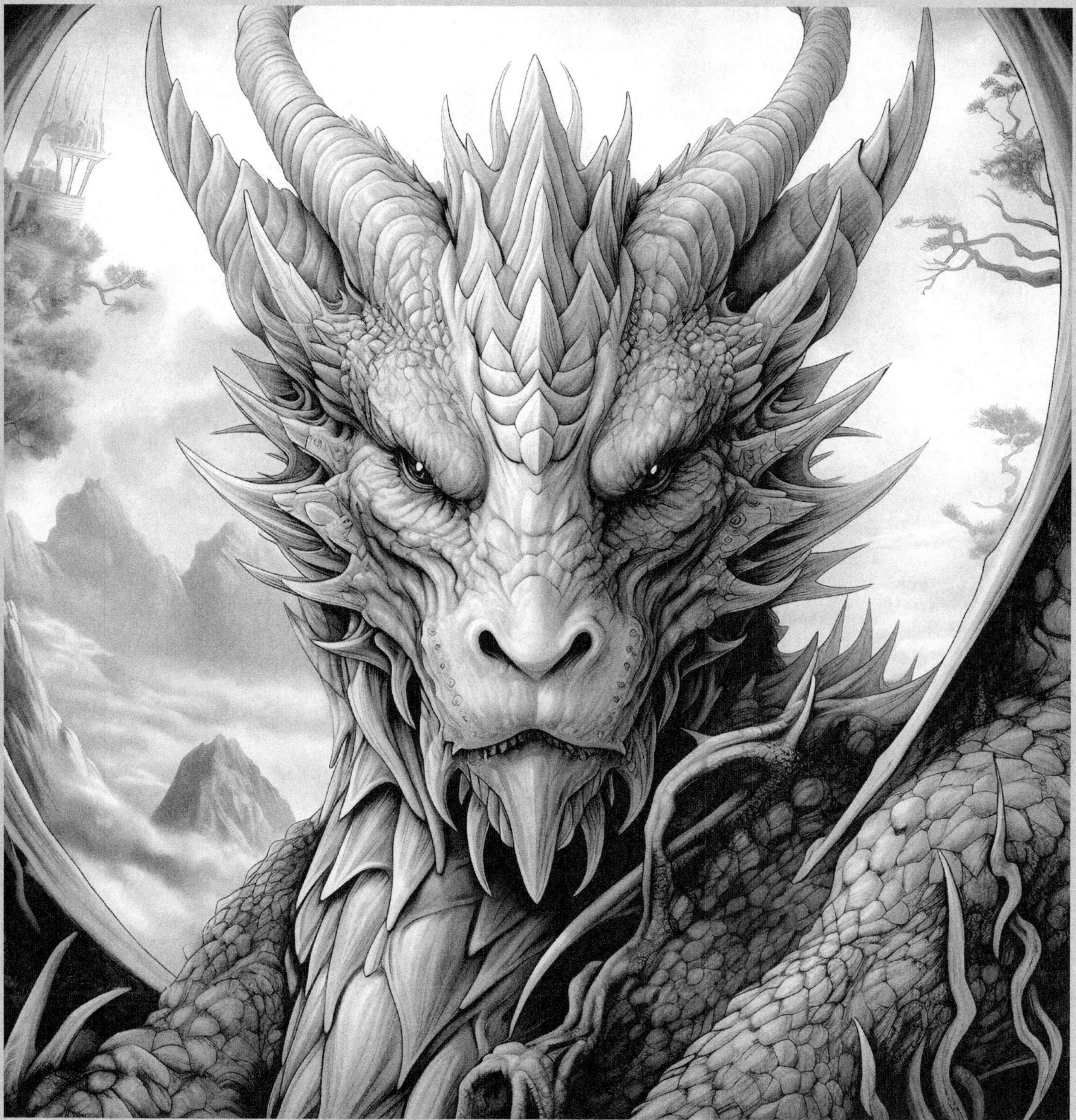

[redacted]

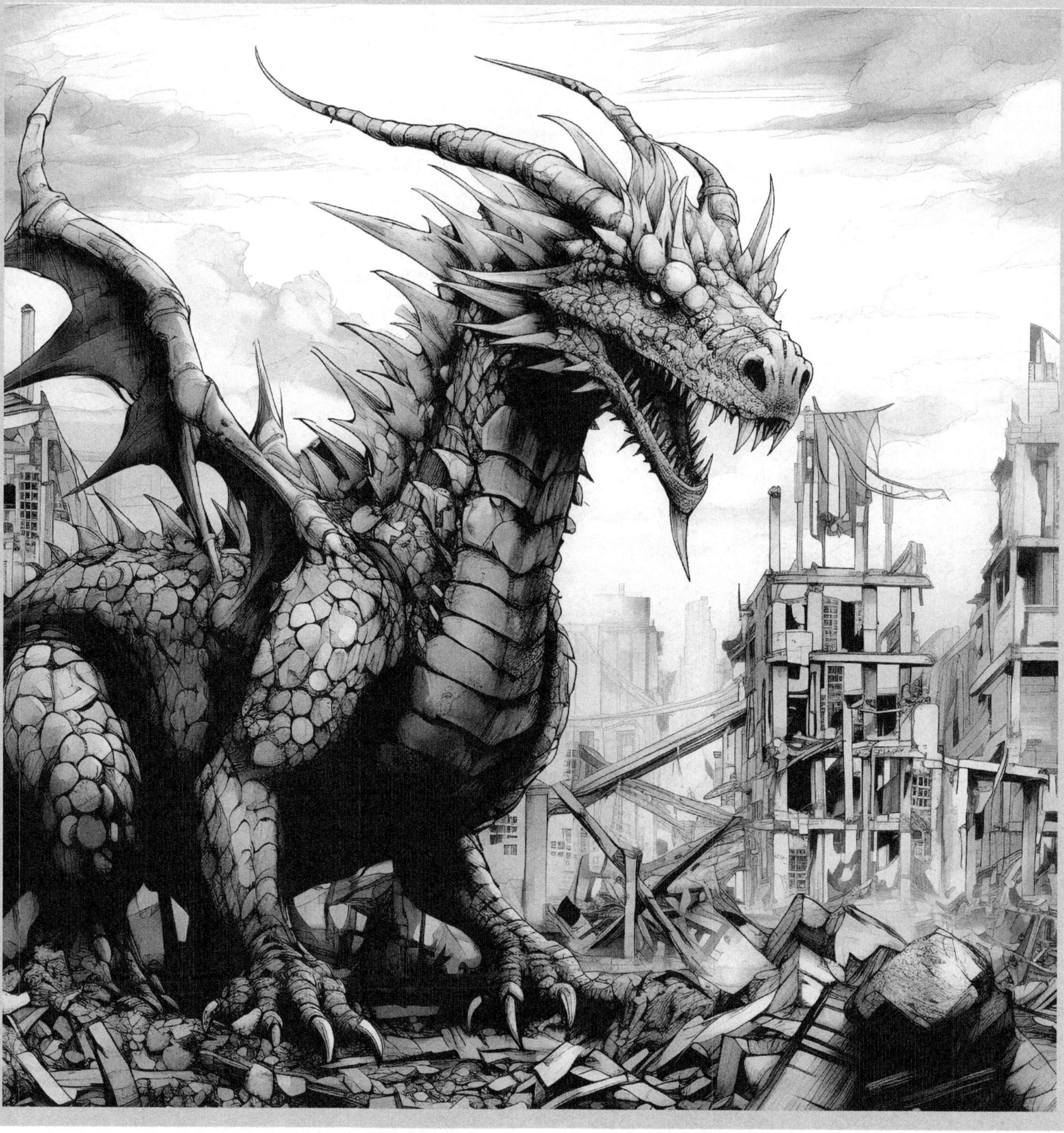

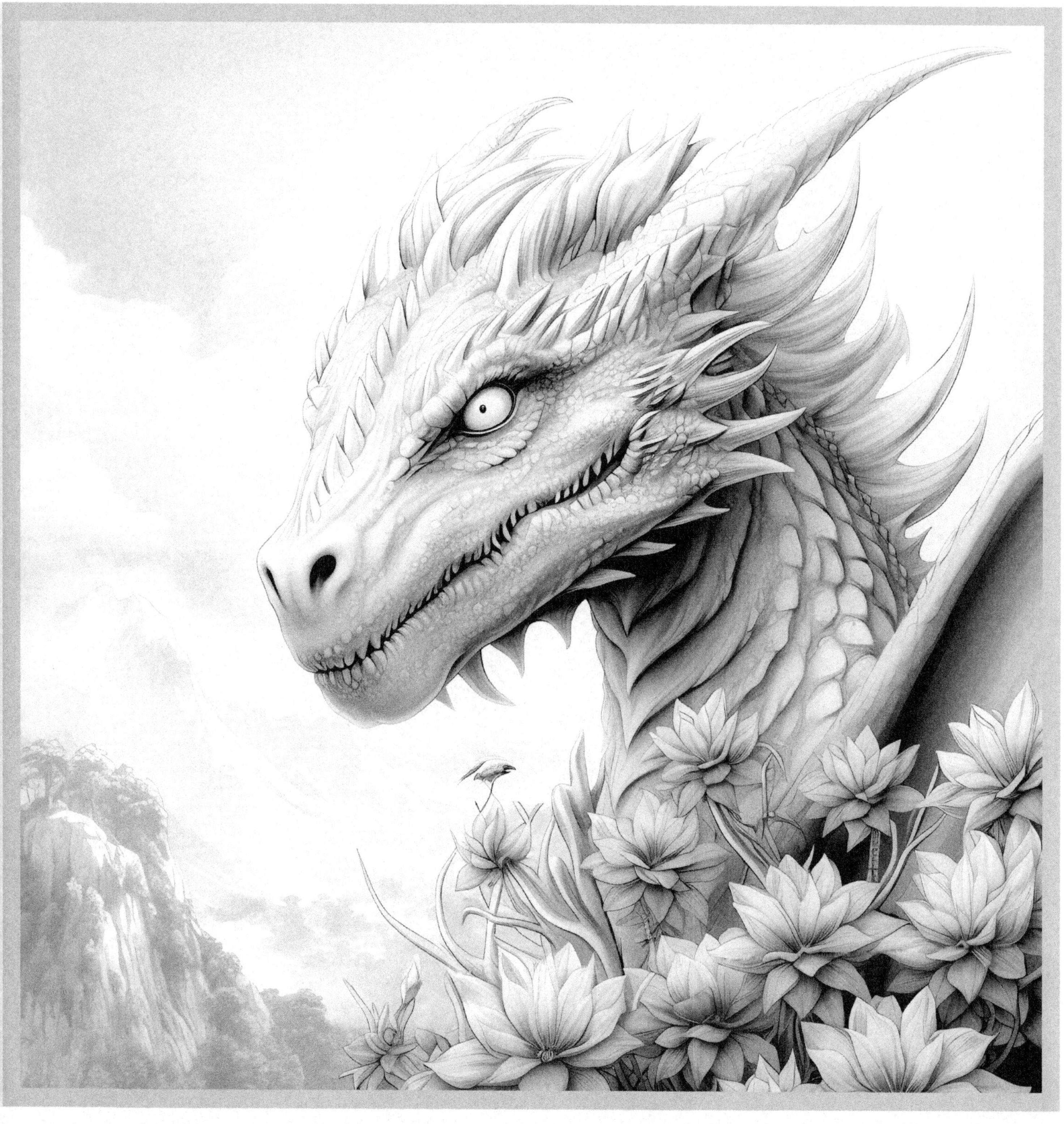

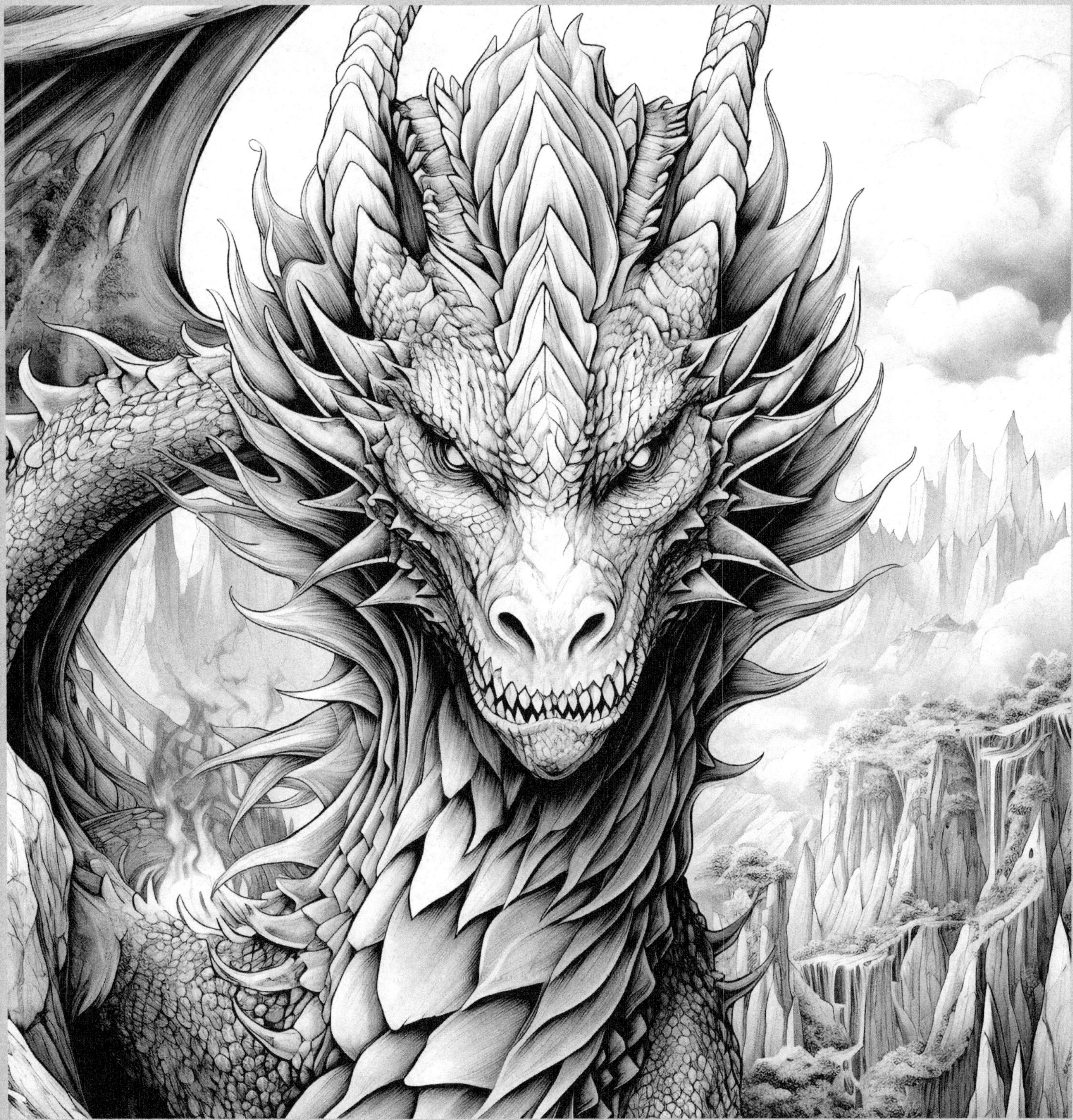

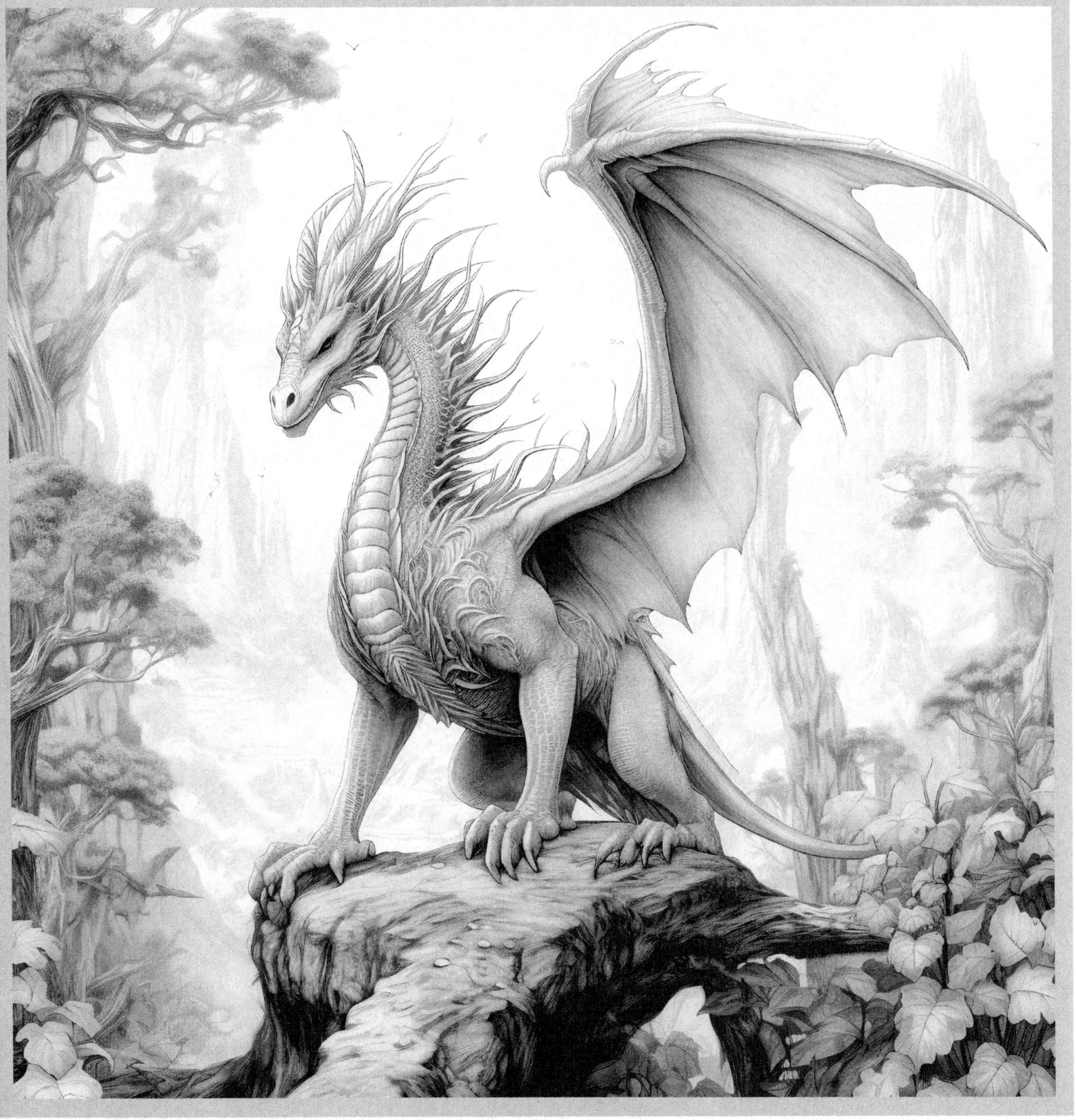

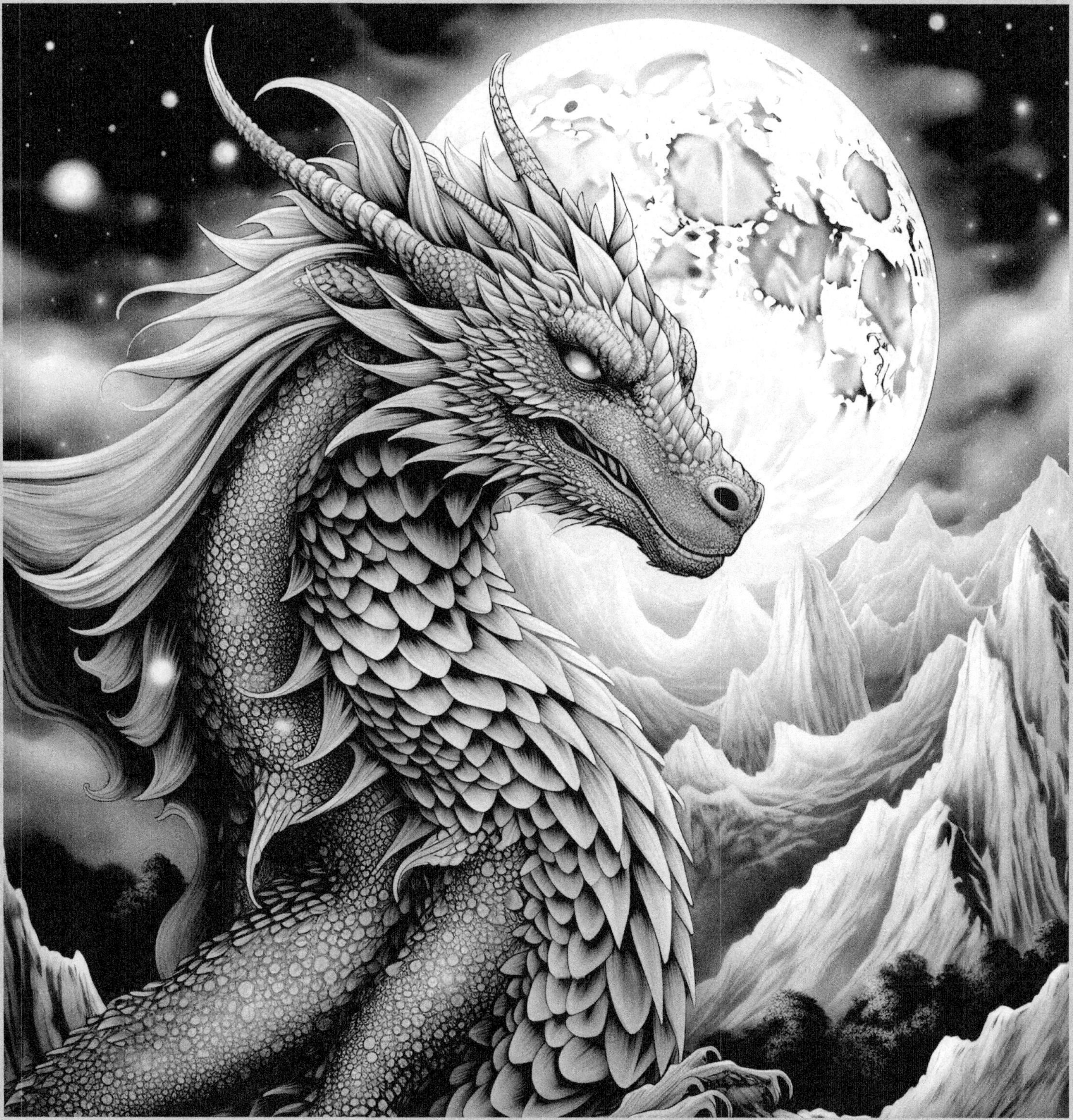

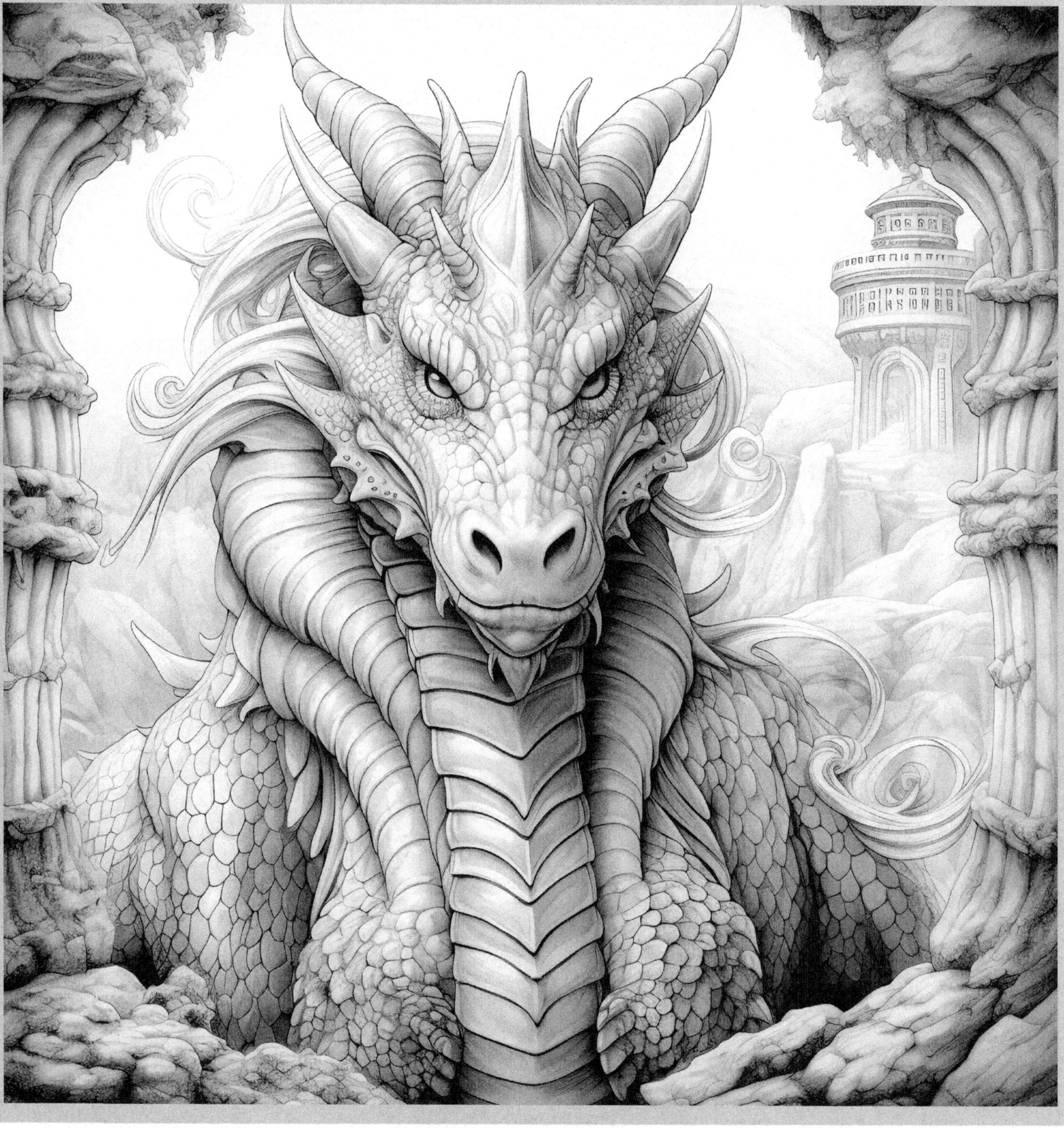

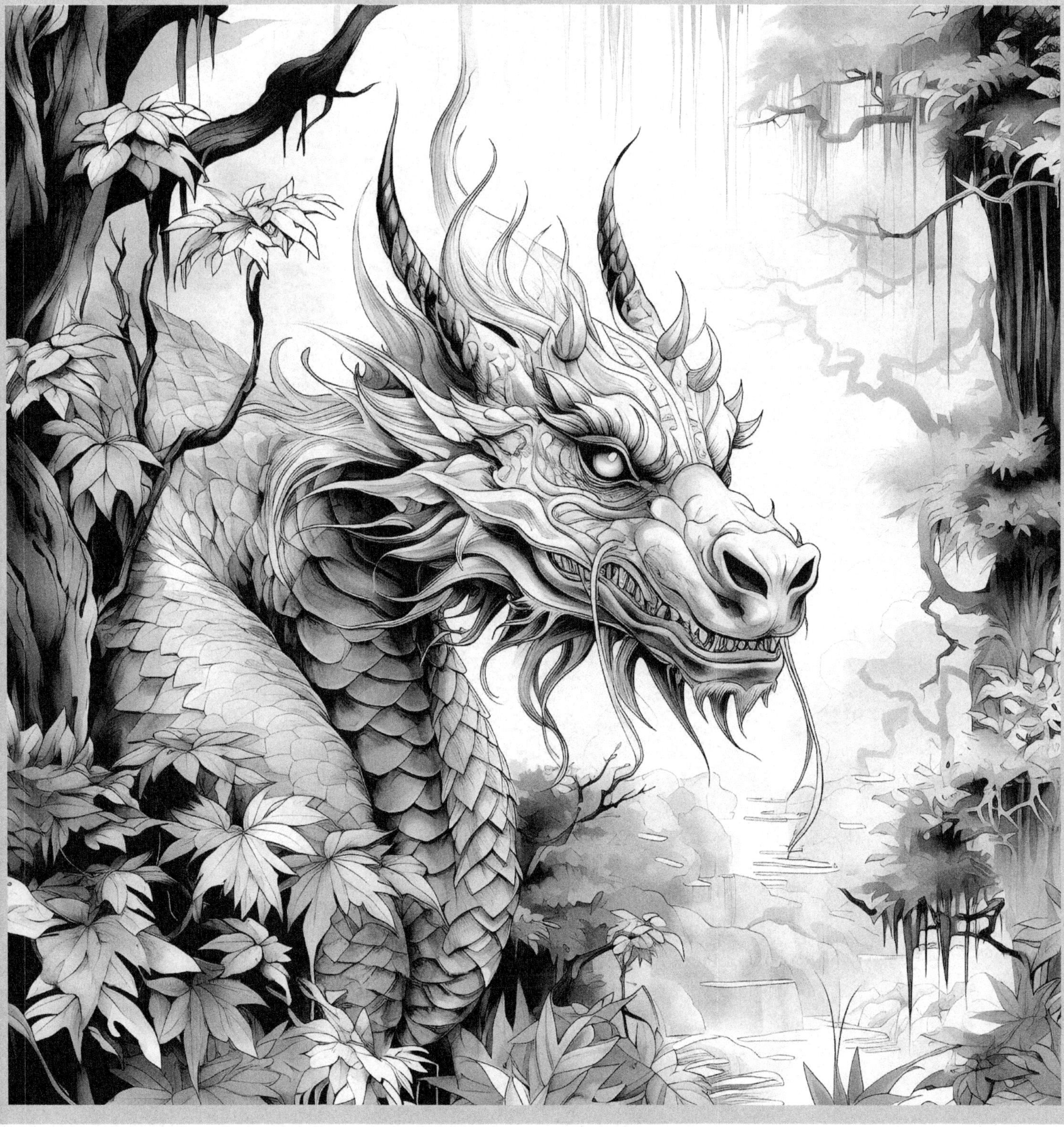

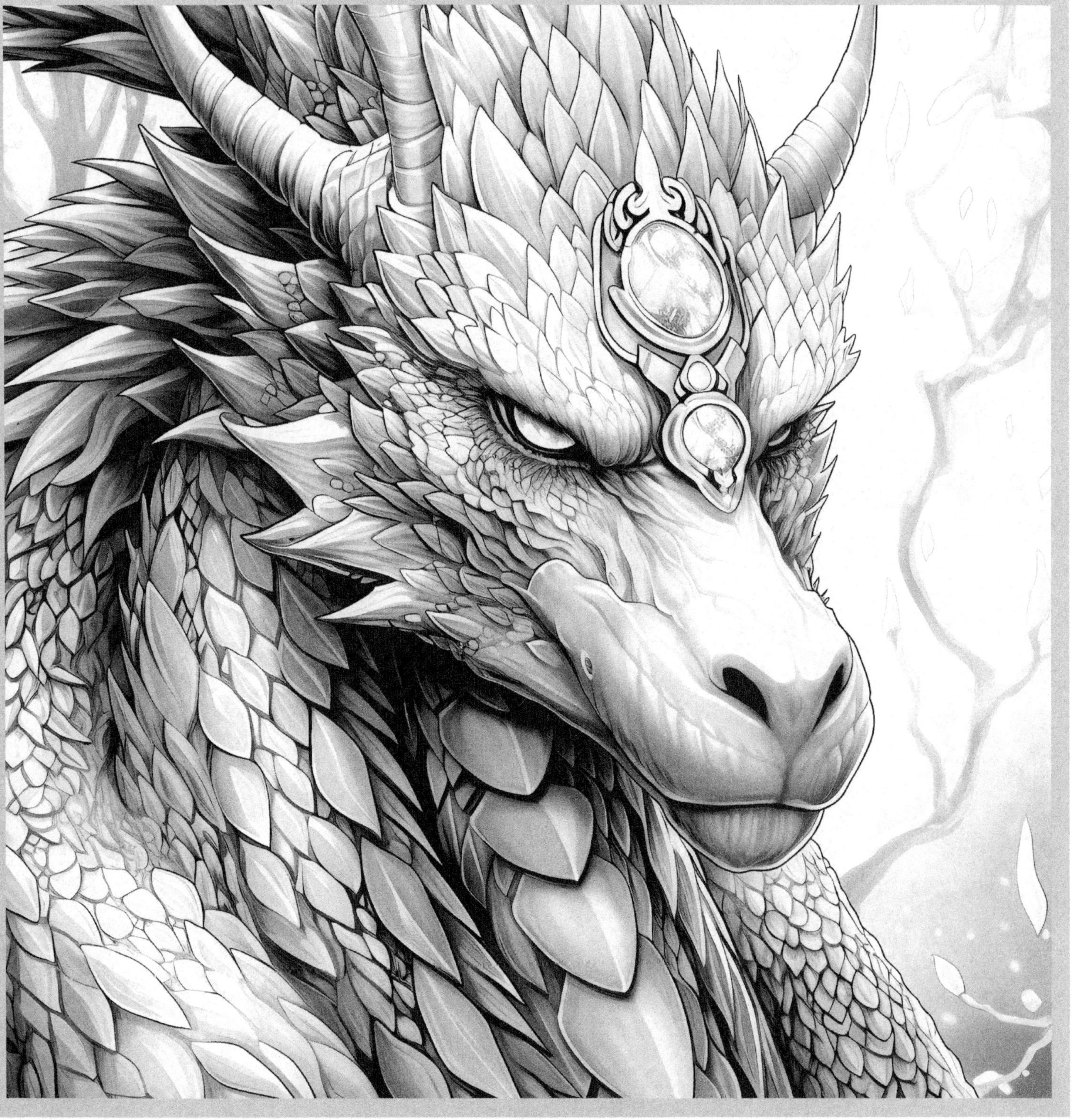

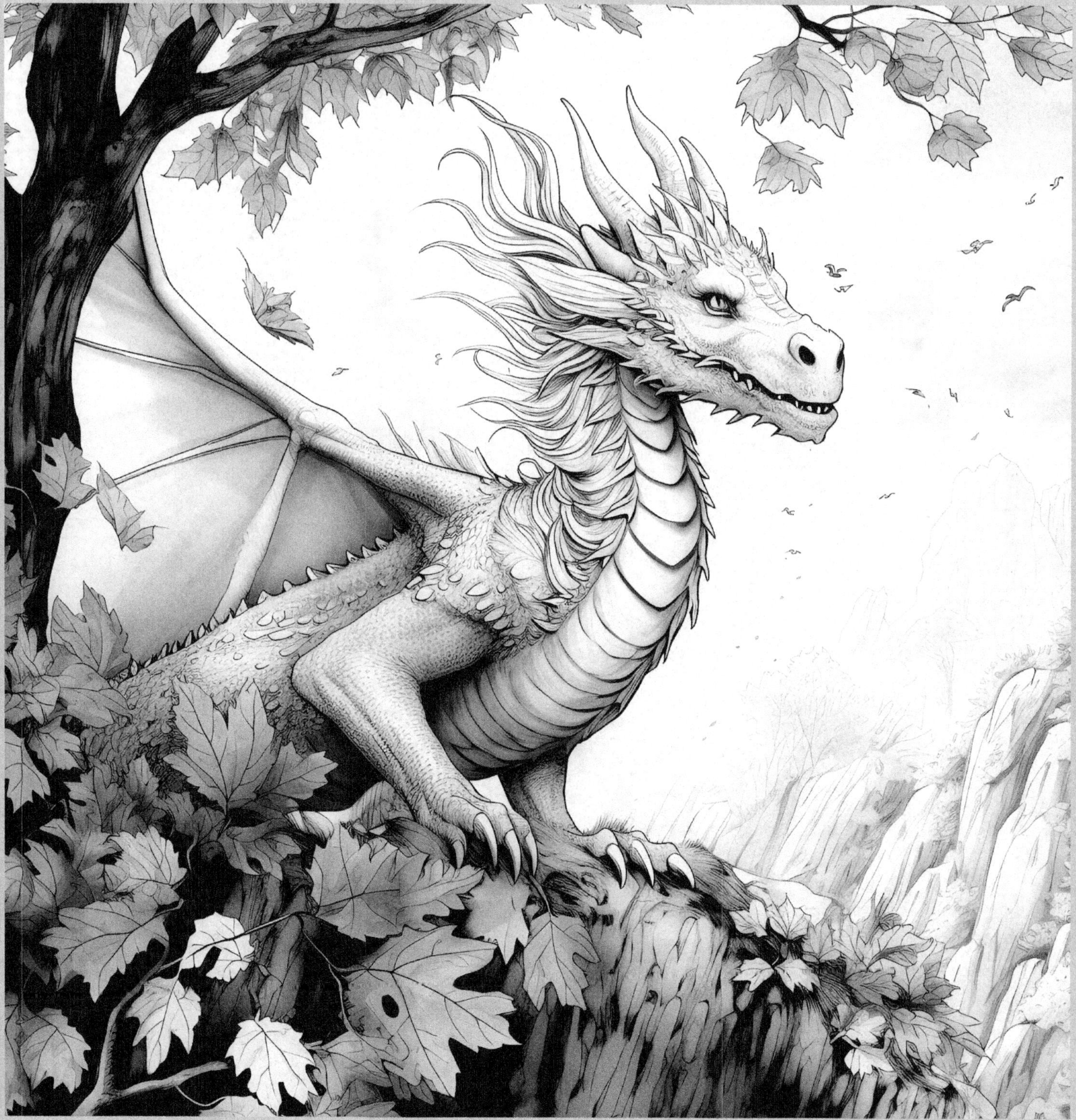

[redacted]

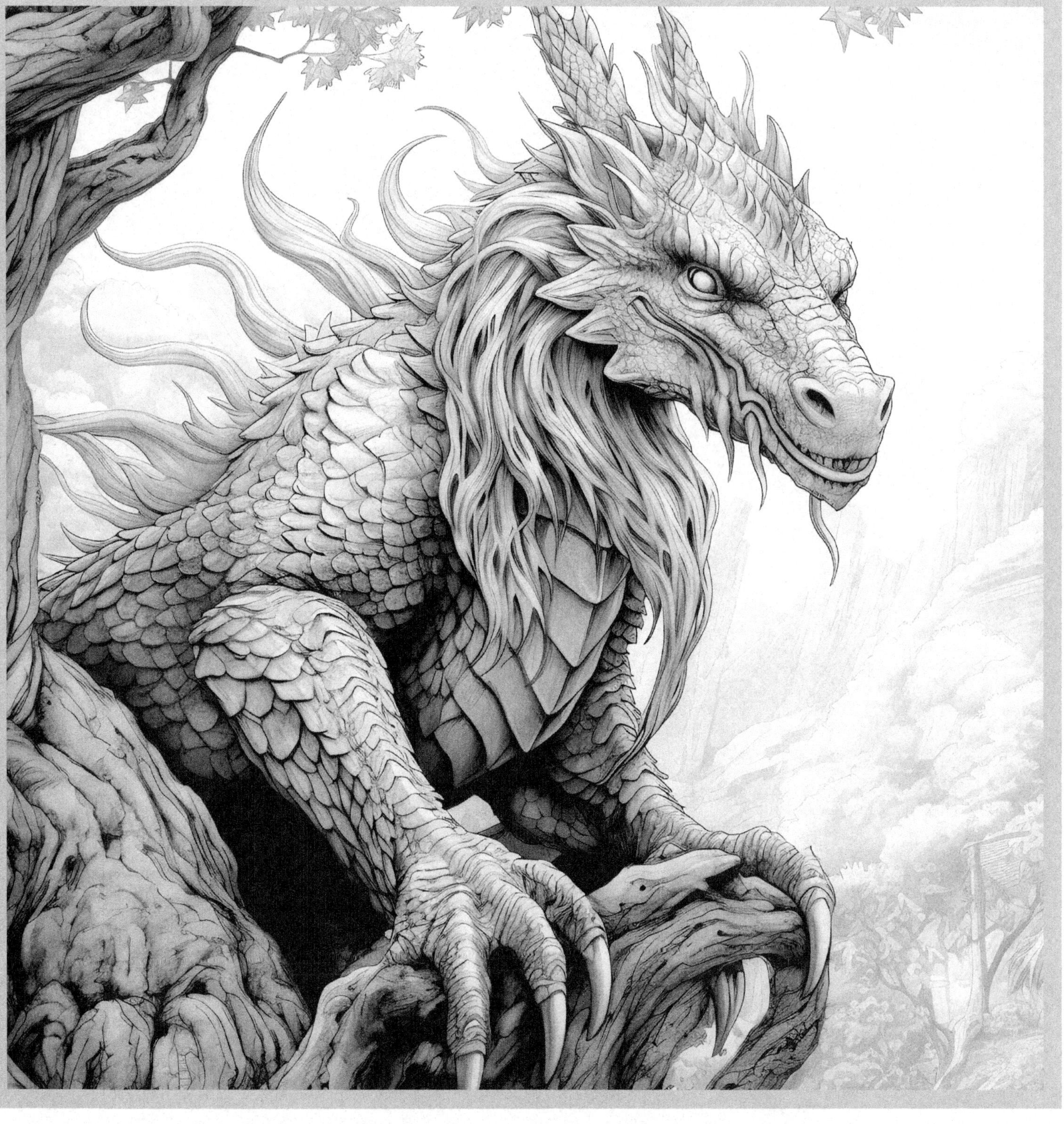

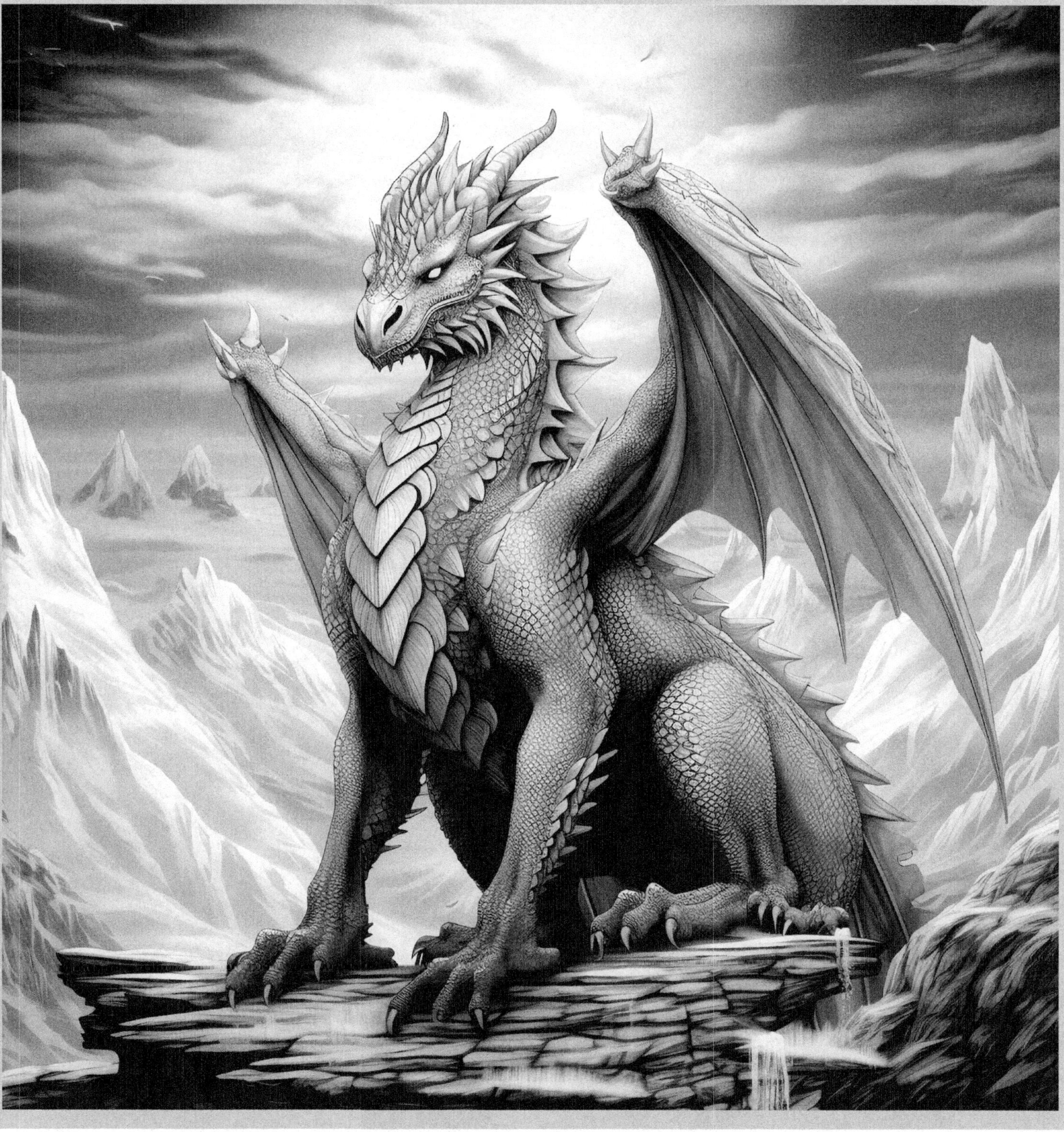

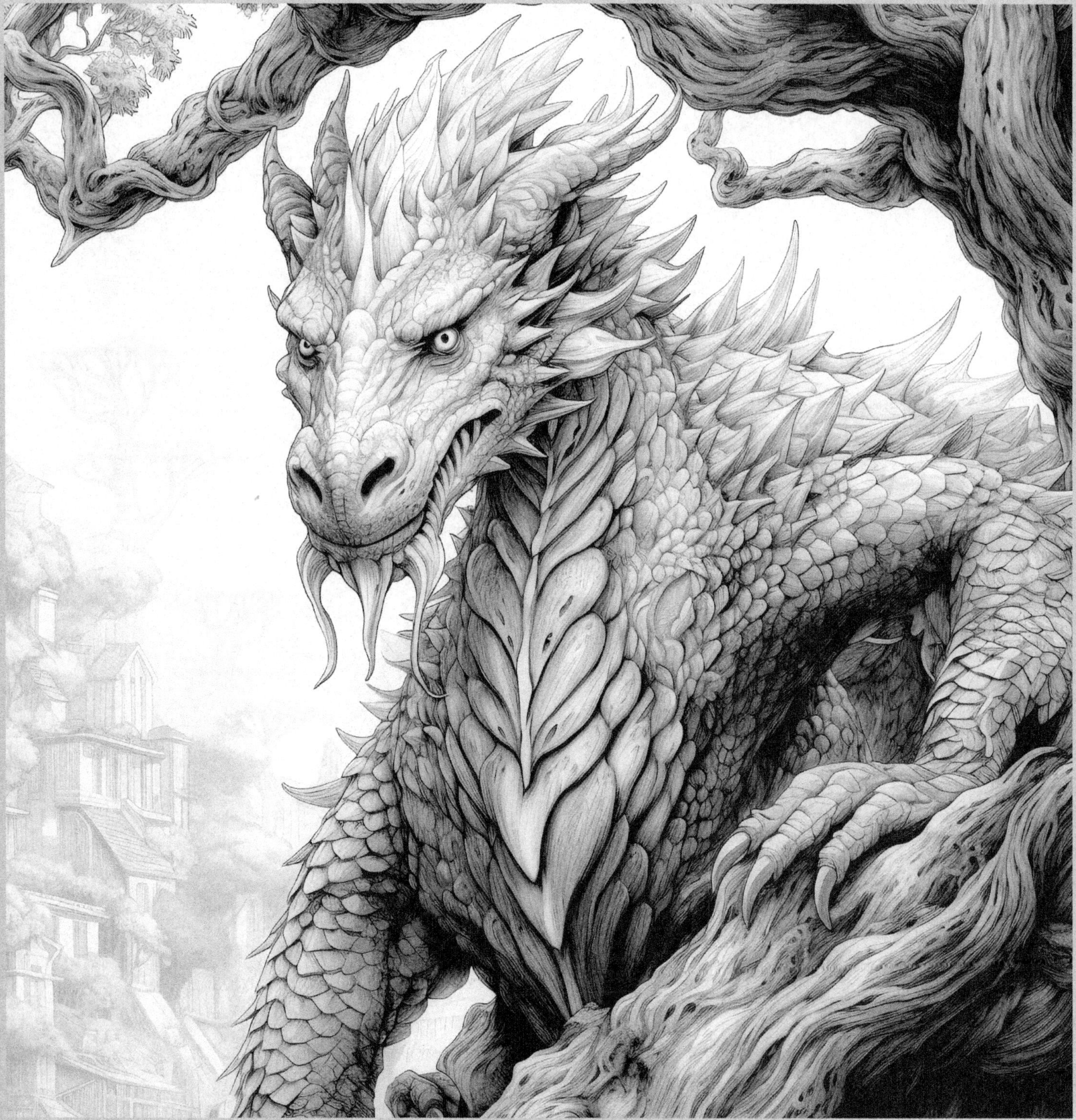

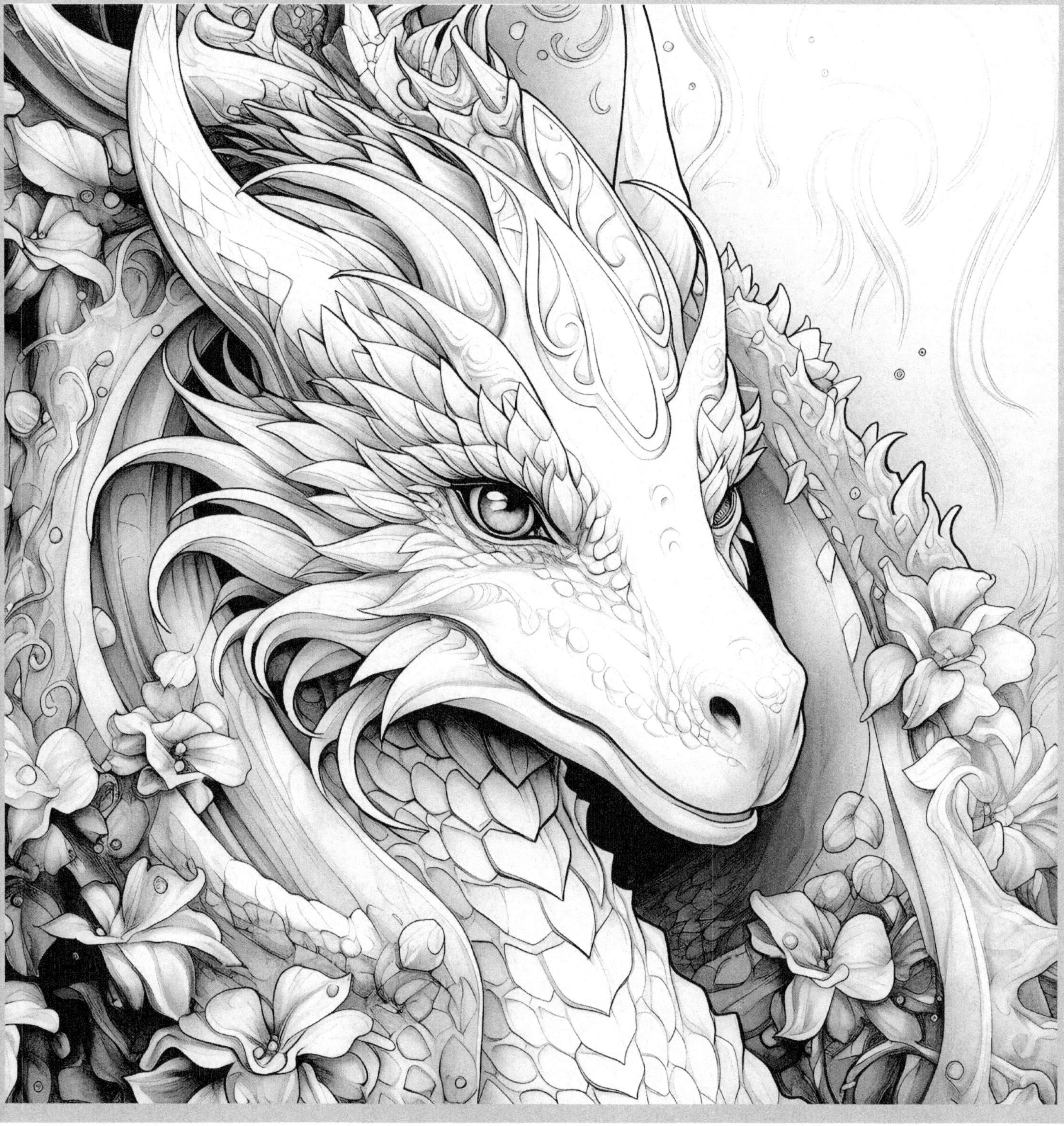

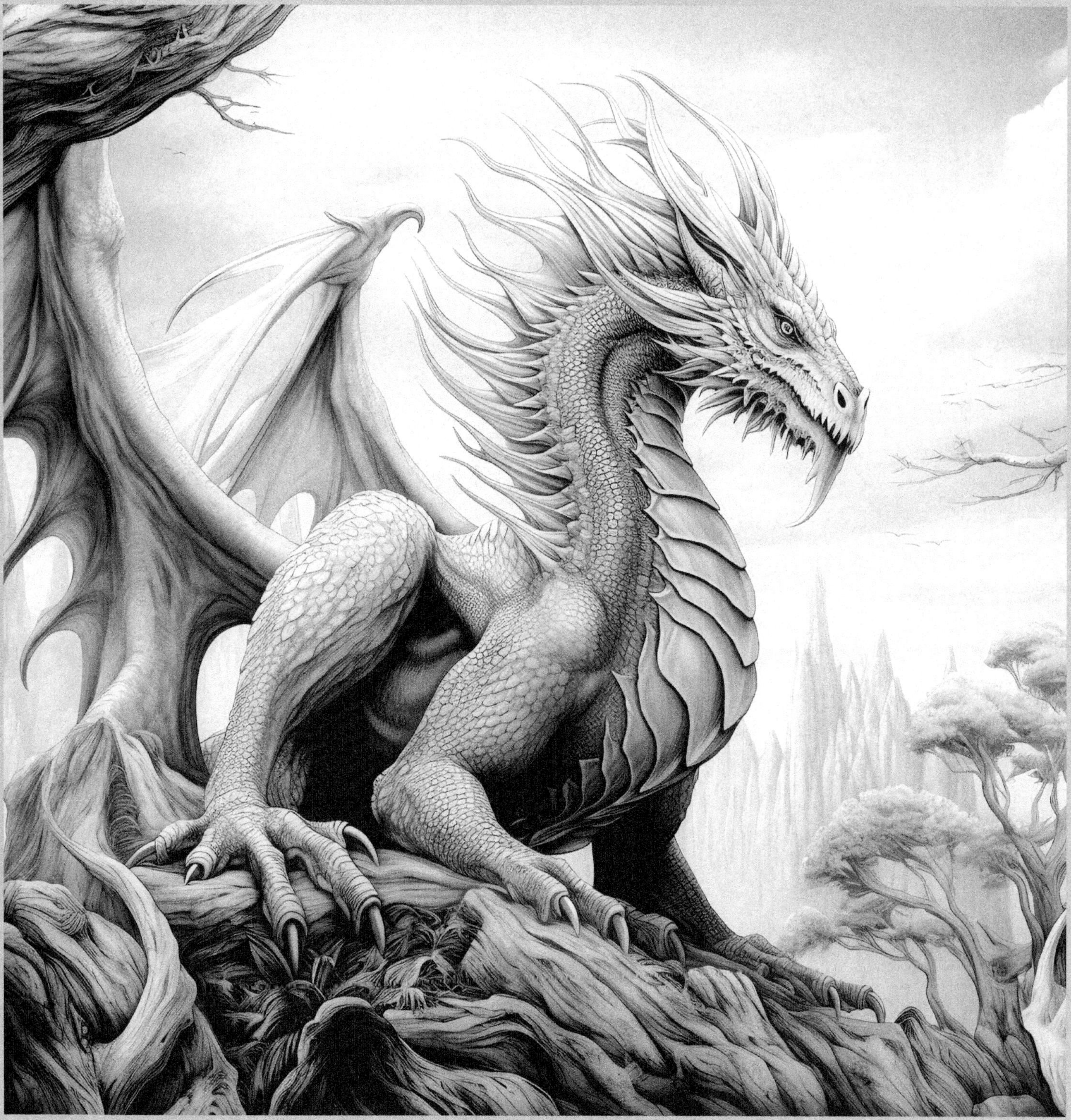

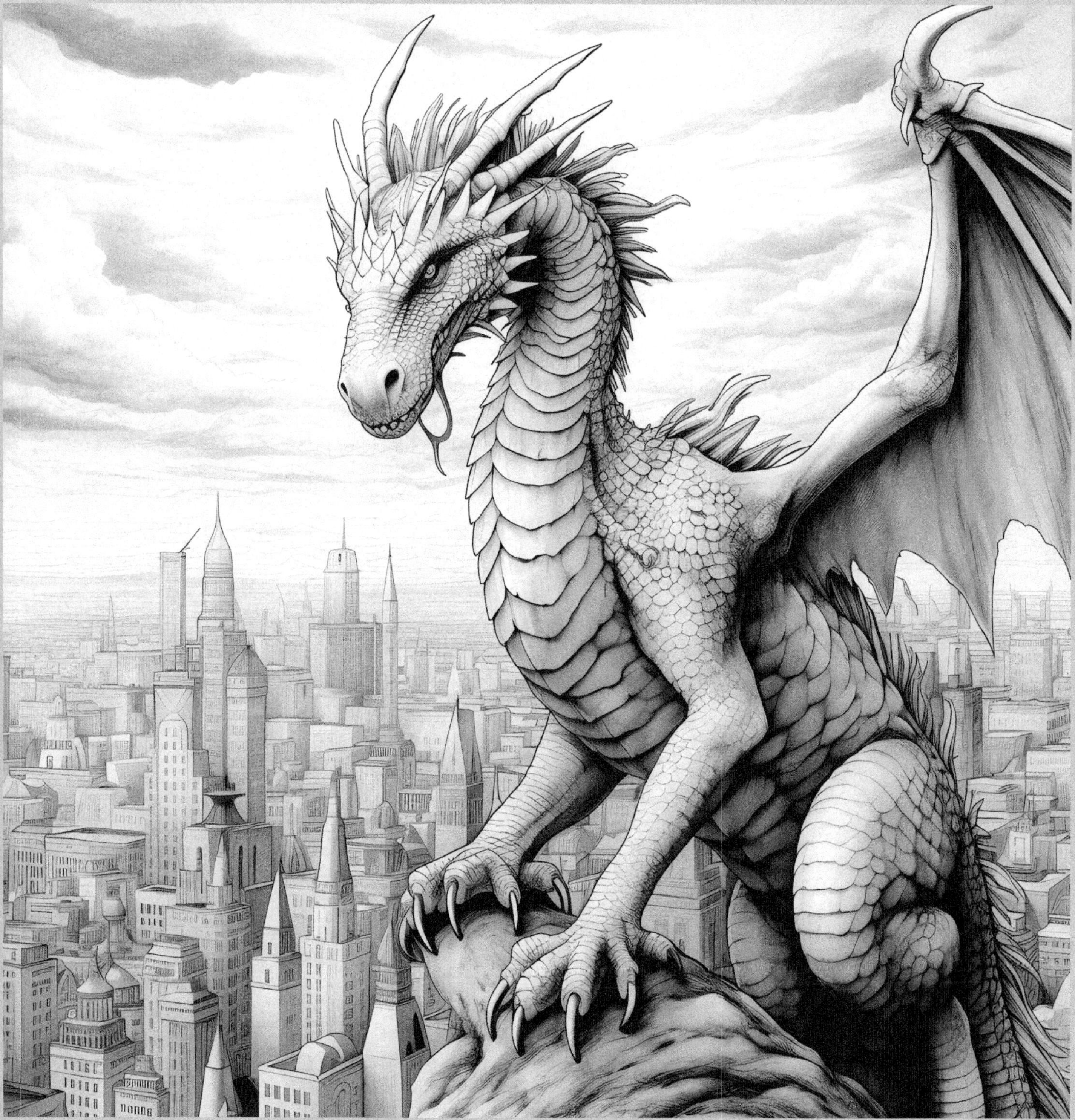

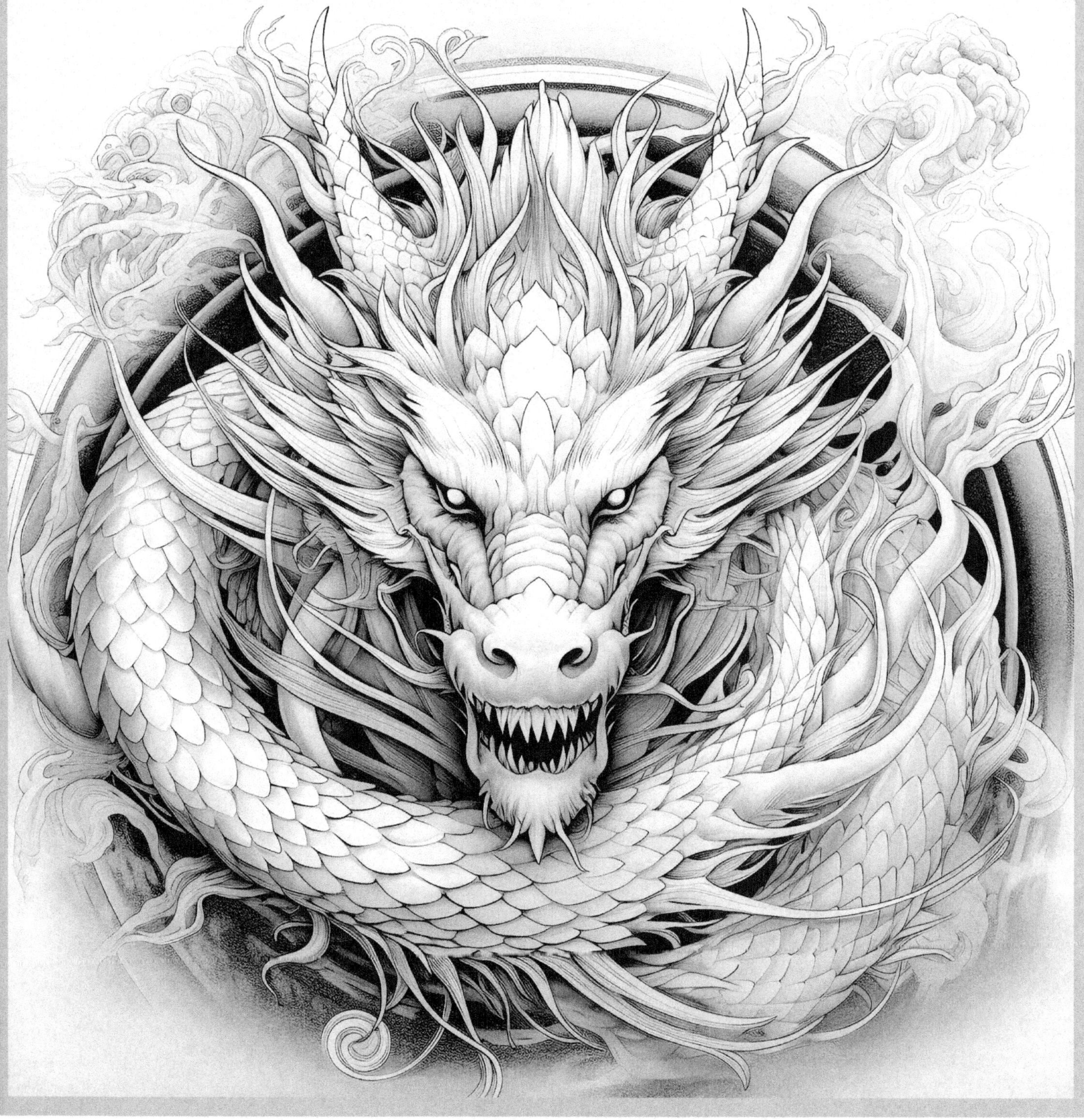

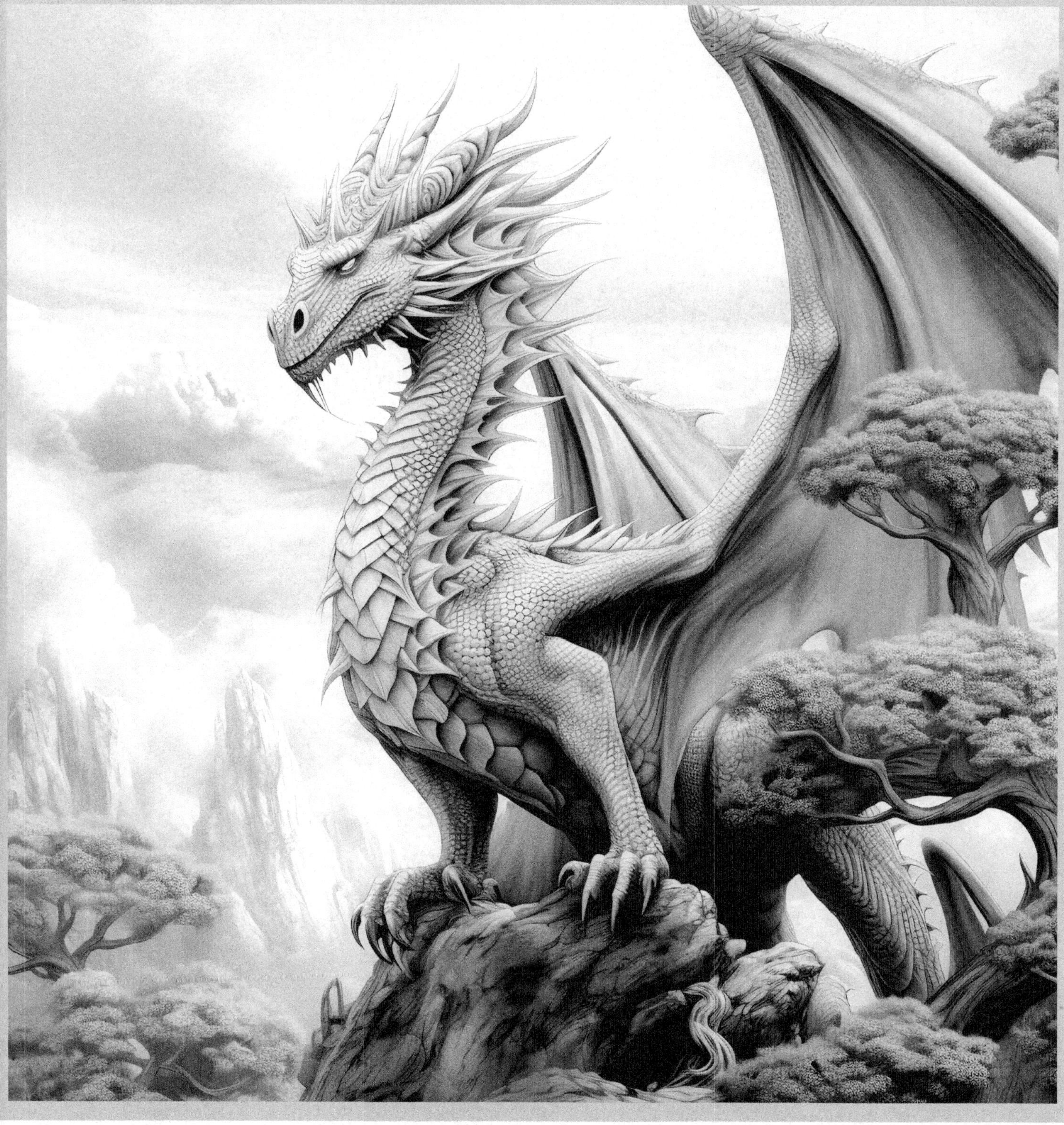

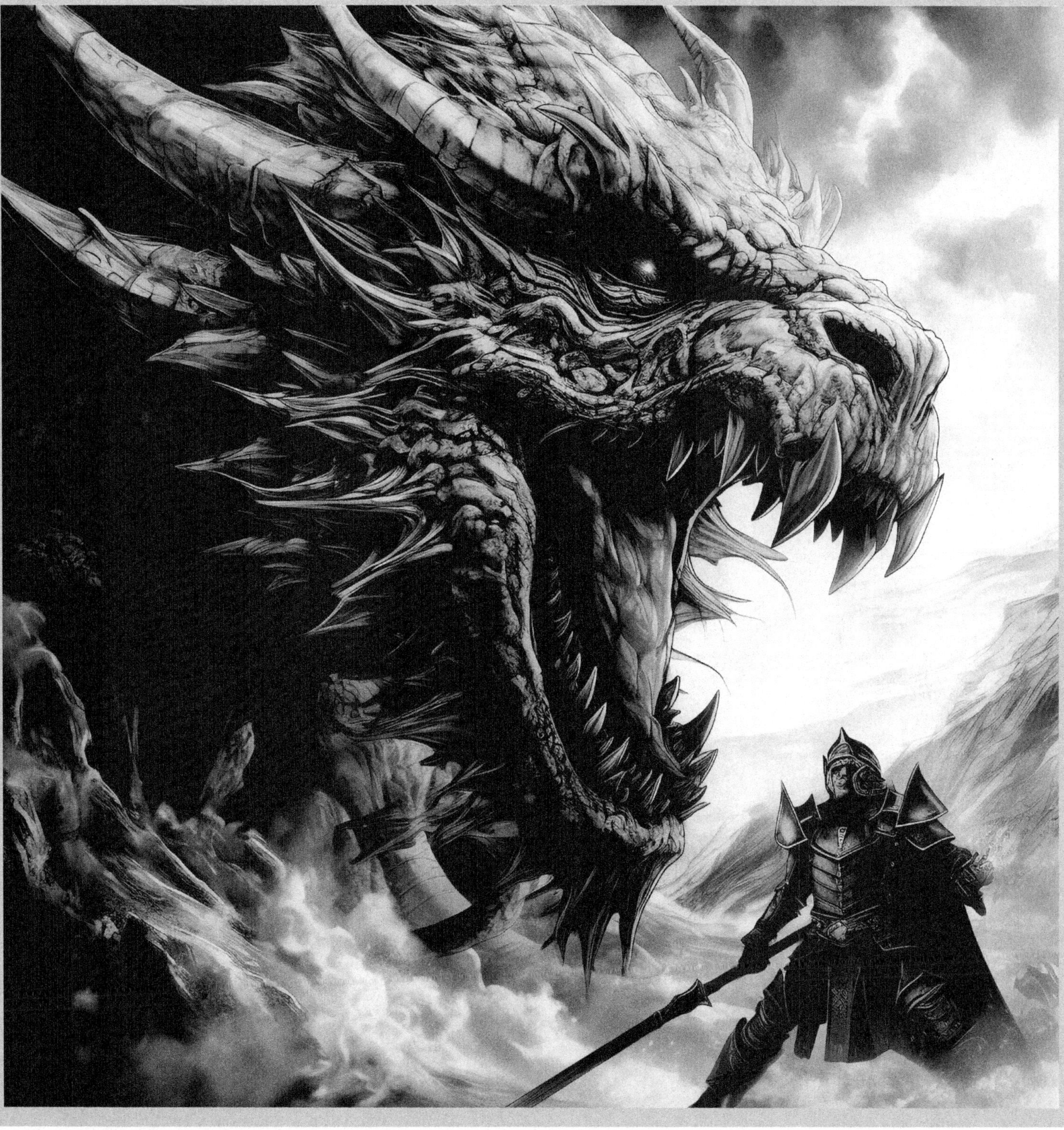

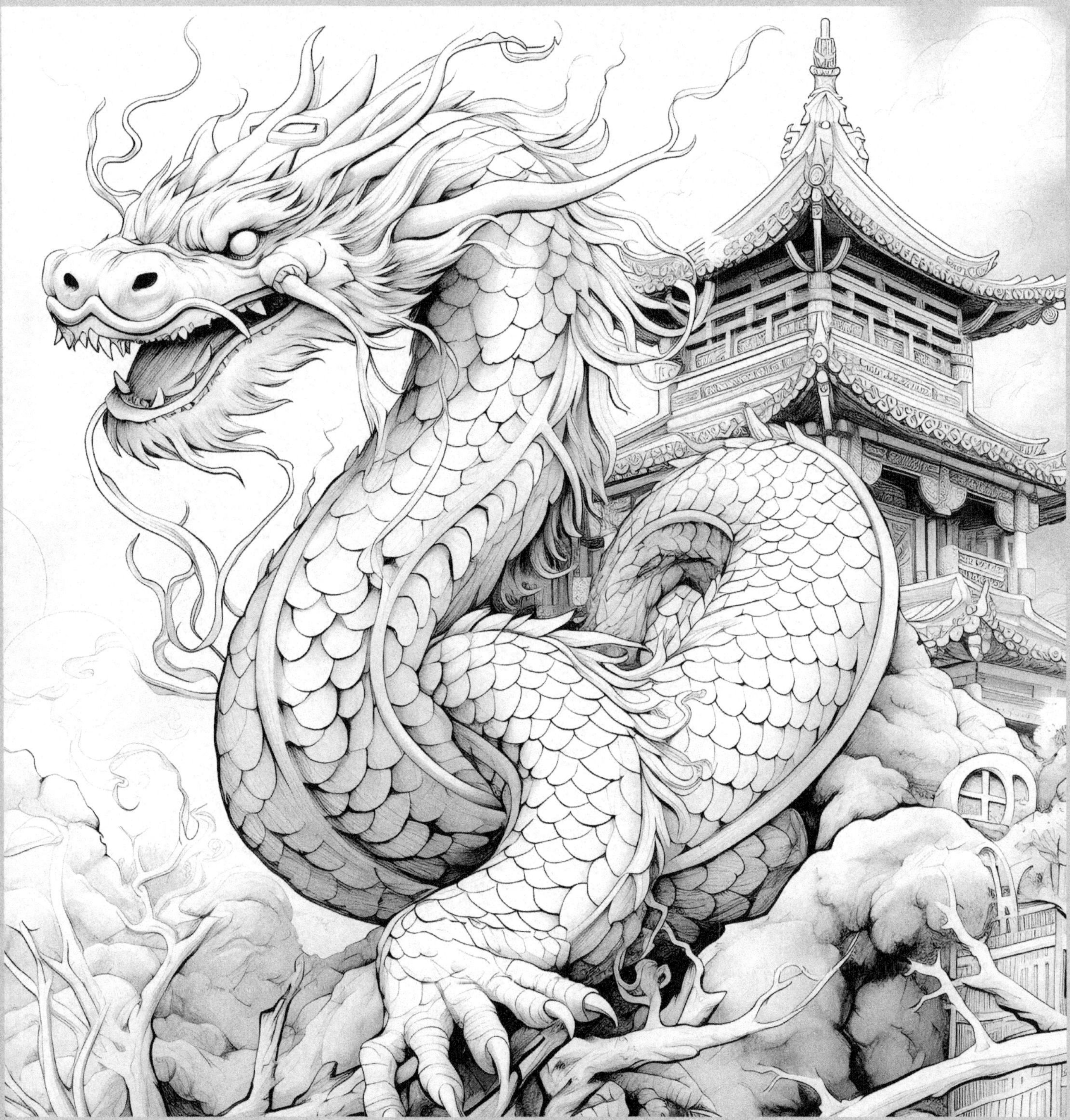

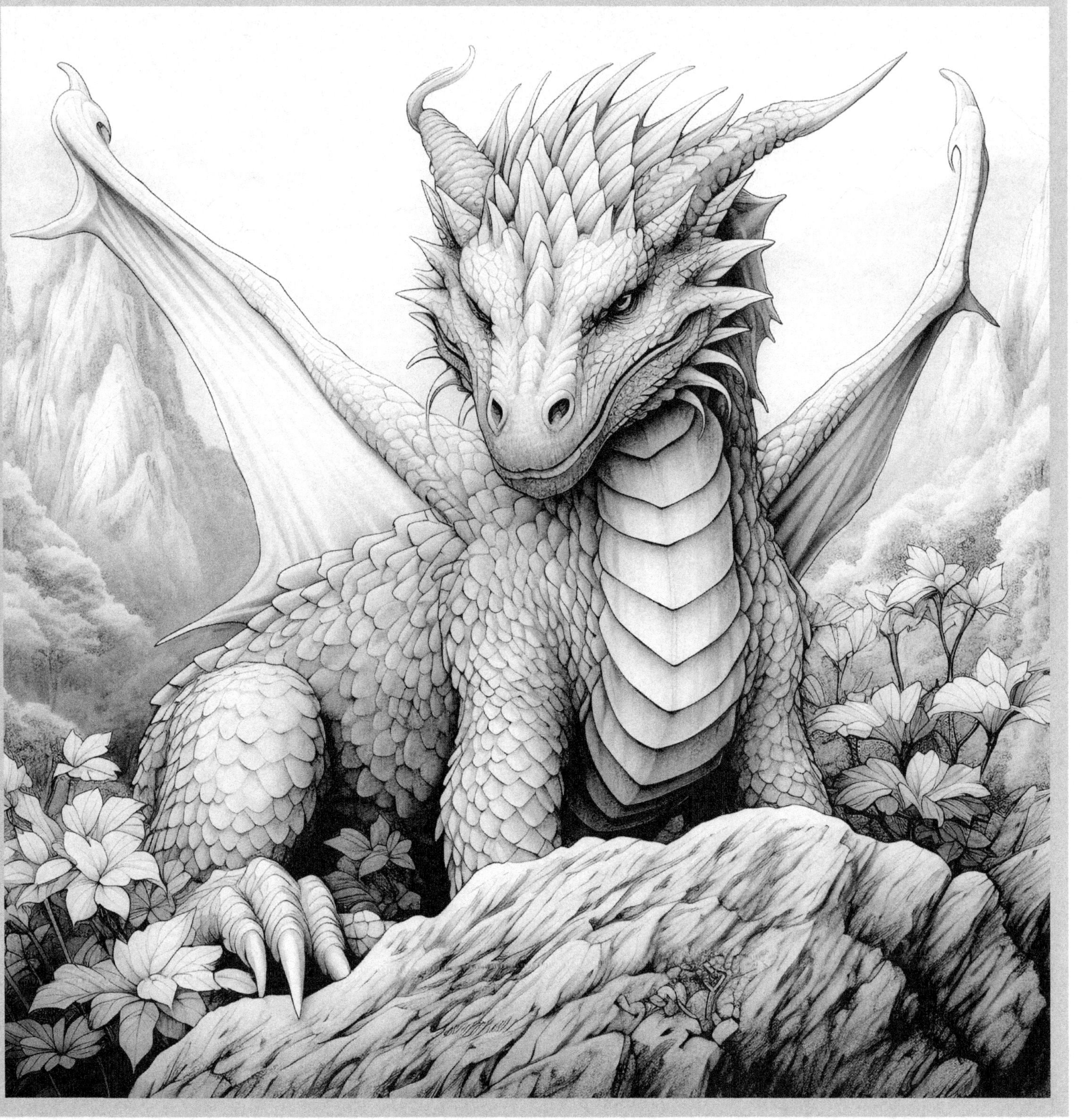

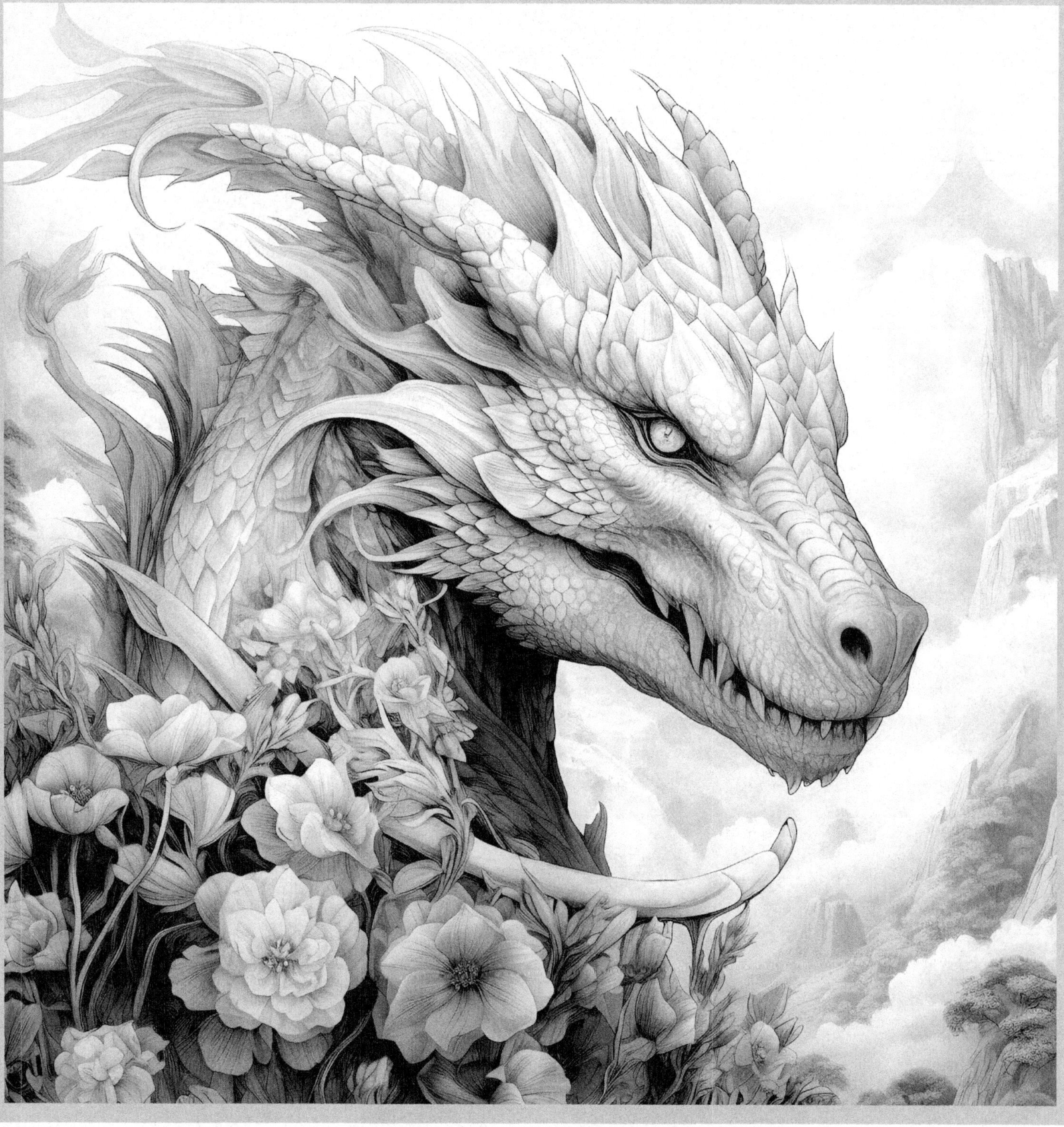

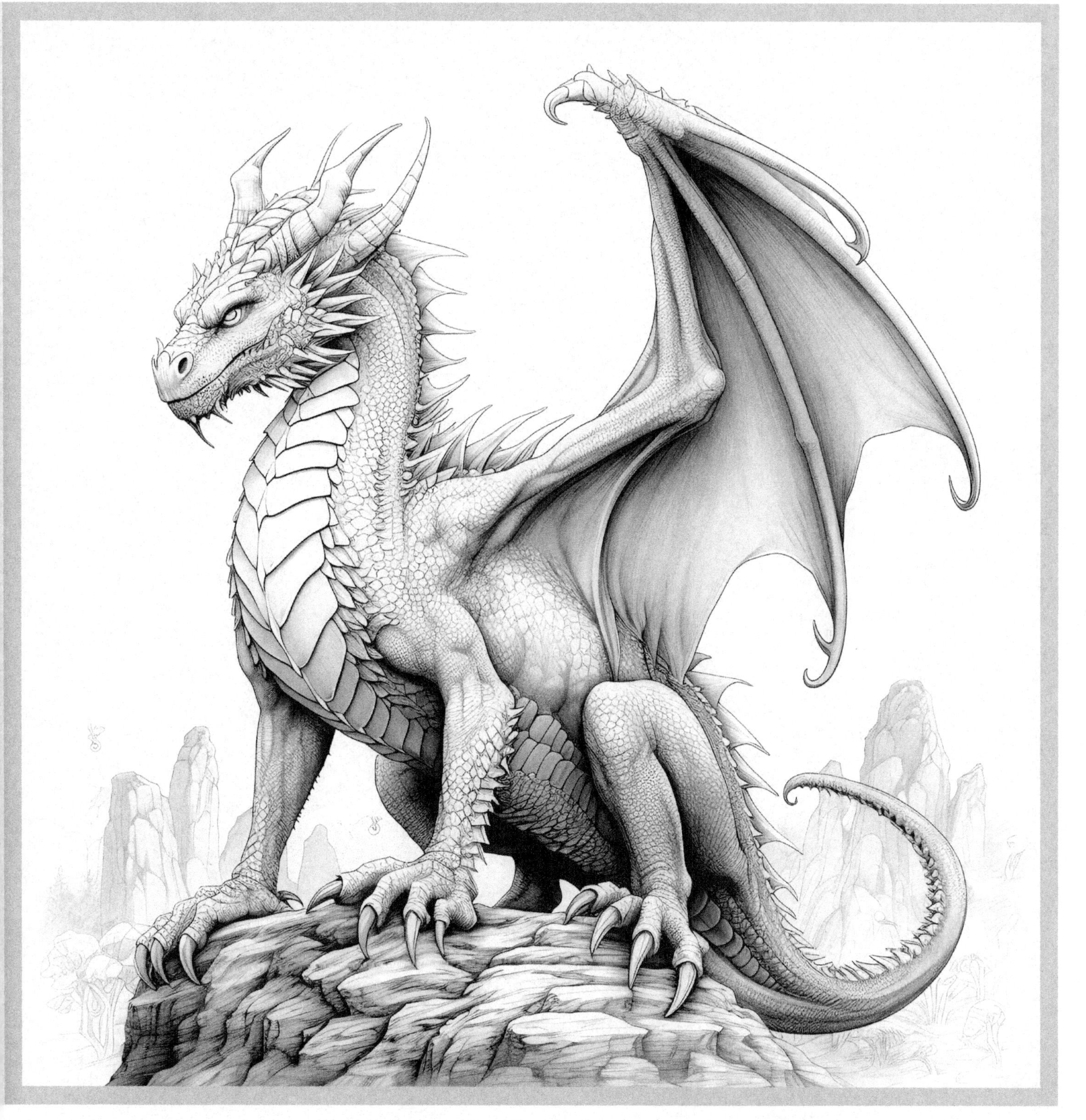

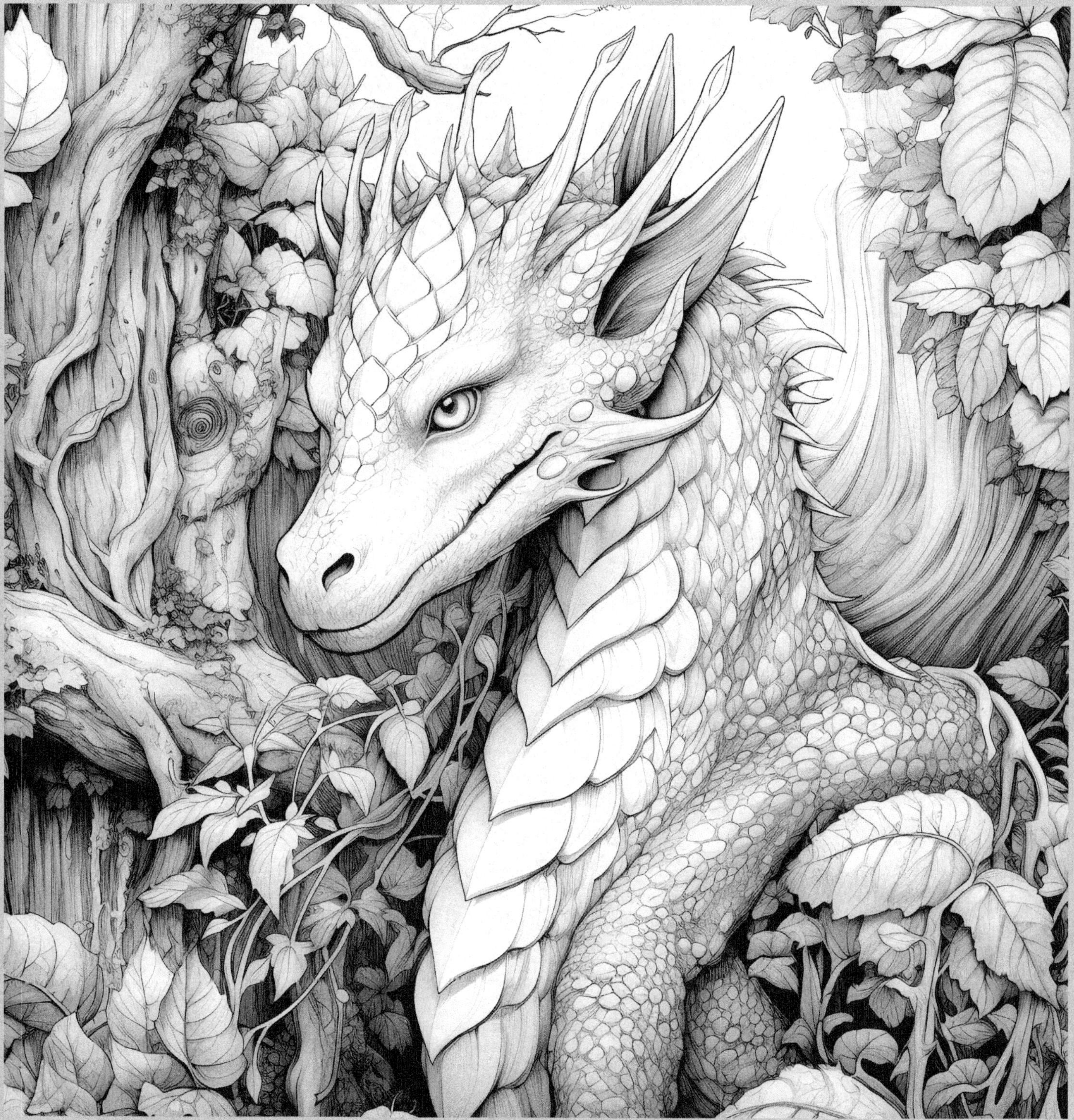

Printed in Great Britain
by Amazon

41620489R00057